Heidemarie Kugler-Weiemann

Ein Kapitel für sich

Verfolgte jüdische Familien aus Danzig
im Kurhaus von Wittdün / Amrum
1945 - 1950

ISBN 978-3-00-059558-5

Nordseebad Wittdün a. Amrum   Kurhaus

„Sie sprechen von mir nur leise
und weisen auf meinen Schorf.
Sie mischen mir Gift in die Speise.
Ich schnüre mein Bündel zur Reise
nach uralter Vorväter Weise.
Sie sprechen von mir nur leise.
Ich bleibe der Fremde im Dorf."

Mascha Kaleko
(1907 – 1975)

2

Blick auf Amrum von der Fähre aus

„Zwei Stunden Fahrt mit der Fähre von Dagebüll nach Wittdün sind wie eine Fahrt aus dem Alltag ins Paradies."[1] Wie sicherlich die meisten der vielen Touristen, die nach Amrum kommen, kann ich diesen Worten nur zustimmen, erlebte ich doch mehr als fünfzehn Jahre die Reise auf die Insel im Wattenmeer zweimal im Jahr, im Sommer, lange Jahre auch im Winter, später im Herbst.

[1] Susanne Wiedmann, Amrum, Hamburg 2012, Vorwort Seite 7

Bei jeder Anreise herrscht das übliche Chaos am Fähranleger in Dagebüll: große Aufregung aller Kinder, Hunde und Neulinge und eine gewisse Anspannung bei allen anderen. Nur das verantwortliche Personal ist die Ruhe selbst. Endlich kommt die Fähre an, doch weitere Geduld ist nötig, bis alle Menschen und Wagen von Bord sind. Dann die Verladung, erst die Fußgänger mit ihrem Gepäck, dann dürfen die Autos eins ums andere auf das Schiff rollen. Beim heutigen wunderschönen Wetter ist Gedränge auf dem Sonnendeck und Platz in der Cafeteria. Ich genieße die kleinen Rituale des Ferienbeginns an Bord und den Blick auf Halligen und die Insel Föhr. Schließlich kommt Amrum mit seinem Leuchtturm in Sicht. Die Bugklappe öffnet sich, die blauen Gestänge des Anlegers in Wittdün kommen immer näher, und schon fahren die ersten Wagen. Die riesige Schar der Fußgänger strömt von Bord, und endlich rollen wir die Rampe hinauf, folgen der Schlange über den Anleger auf die Straße rechts herum hinein nach Wittdün und immer weiter geradeaus bis zu unserem Quartier. Nun spüre ich nur noch Freude, Freude auf die Ferien. Welch komfortable Anreise!

Wie aber mag es früher gewesen sein, als noch nicht die heutigen Fähren der Wyker Dampfschiffs-Reederei die vielen Personen- und Lastkraftwagen transportierten, sondern kleinere Schiffe Passagiere und Lasten beförderten. Die Boote konnten einzelne Fahrzeuge mitnehmen und diese wie alles andere mit großer Vorsicht über hölzerne Planken an Bord manövrieren. Und wenn jemand diese Fahrt nicht voller Vorfreude als Feriengast machte, sondern unter völlig anderen Bedingungen? Wie mag dann die Überfahrt auf die Insel ausgesehen haben?

Seit etlichen Jahren schon gehen meine Gedanken dabei zu einer bestimmten Gruppe von Menschen, die Ende 1945 bzw. Anfang 1946 nach Amrum kam. Es waren Erwachsene und vor allem etliche Kinder und Jugendliche, die als Angehörige „gemischter" jüdischer Familien die Jahre der nationalsozialistischen Herrschaft und den Zweiten Weltkrieg in ihrer Heimatstadt Danzig überstanden hatten. Entrechtung und viele Drangsalierungen hatten sie aushalten müssen, doch waren sie von Deportation in Konzentrationslager und Ermordung verschont geblieben. Nach Ende des Krieges wurden diese Menschen im polnischen Gdansk als Deutsche angefeindet. In einem von jüdischen Hilfsorganisationen veranlassten Transport konnten sie ihre Heimat verlassen und kamen über Küstrin und Berlin nach Schleswig-Holstein, zunächst nach Segeberg, dann Flensburg und schließlich nach Wittdün auf Amrum. Anfang Dezember 1945 kam die erste Gruppe auf die Insel, ein weiterer Transport folgte im Februar 1946.

Für die siebenjährige Uschi Wendt, begleitet von den Eltern sowie Onkel und Tante, blieb diese Seereise auf dem kleinen Schiff mit starkem Wellengang und großer Angst verbunden. An viel Seegang während der Überfahrt mit der „Rungholt" im Februar 1946 erinnert sich auch Alfred Herz, damals zehn Jahre alt und mit seinem Vater sowie mehreren Geschwistern unterwegs. Das Gepäck habe in der Mitte des Raumes unter Deck gelegen, und die Erwachsenen saßen um einen großen Tisch herum. Einer der Männer habe Witze erzählt und schließlich einige Mitreisende mit seinen Faxen so sehr erschreckt, dass sie die Seekrankheit nicht länger verhindern konnten.

Die 17jährige Hildegard Hohlfeldt gehörte mit ihren Geschwistern und der Mutter dagegen zu denen, die bereits in den ersten Dezembertagen 1945 das Schiff bestiegen hatten. Noch nach 67 Jahren erinnert sich die 84 Jährige an die Überfahrt: „Die See war ruhig, und wir waren voller Erwartungen. Endlich würden wir wieder in Sicherheit leben können." Auch Klaus Hirschberg und seine Mutter Martha Hirschberg, geborene Freund, waren an diesem Tag dabei. Der dreizehnjährige Klaus dürfte interessiert das Geschehen an Bord beobachtet haben, überall unterwegs gewesen sein, vielleicht mit anderen Jungen zusammen. Martha Hirschberg wird mit ihren beiden Schwägerinnen zusammen gesessen haben, gewisslich eingehüllt in alles, was an wärmender Bekleidung vorhanden war. Ab und an wird sie ihrem Sohn zugelächelt haben, wenn er wieder zu ihnen kam während der Erkundungstouren auf dem Schiff. Möglicherweise ließ sie sich auch von ihm an Deck locken, als Amrum in Sicht kam, der Leuchtturm zu sehen war und das große Gebäude auf der Südspitze, das Kurhaus, in dem sie untergebracht werden sollten.

Hatten sie eine Vorstellung von der Insel, auf die sie kamen? Was hatte man ihnen gesagt über den Ort ihrer Unterbringung? „Sie werden im Kurhaus wohnen, einem vornehmen Hotel." Hatten sie an ihr früheres Leben im Badeort Zoppot bei Danzig gedacht und voller Freude zugestimmt? Oder war ihnen klar, dass die einstige Luxusherberge zum Lazarett geworden war und dem nur in der Sommersaison genutzten Gebäude eine Heizung der Zimmer fehlte?

„Es war gerade noch hell, als wir auf Amrum ankamen." erinnerte sich Hildegard Hohlfeldt. Vom Anlegesteg war es nicht weit bis zum Kurhaus, doch beschwerlich genug für diese Reisenden mit Kindern und ihrer geringen Habe. Mühsam konnten sie das Schiff über hölzerne Planken verlassen und dann unter den Blicken neugieriger Inselbewohner den Weg über den langen Holzsteg beginnen.

Ein anderer Neuankömmling, Jan-Udo Wenzel, der im Mai 1946 mit seiner Familie nach Amrum kam, beschrieb den Ort der Ankunft sehr exakt:

„Der Anlegesteg war vielleicht hundert Meter lang und ganz aus Holz gebaut. An der linken Seite, gleich wenn man die Insel betrat, war da eine Holzbude mit einem großen Zeichen: ‚Wyker Dampfschiffs-Reederei'. In der gleichen Richtung auf einer höheren Lage war ein großes Gebäude, das man schon von Föhr aus sehen konnte. Die Breitseite sah nach Süden, und die schmalere Seite war der Anlegebrücke zugewandt.

Oben auf dem Dach war ein Zeichen mit großen Buchstaben, die ‚KURHAUS' sagten. Was ich interessant fand, war, dass viele der Fenster keine Scheiben hatten, sondern entweder mit Holz, Sperrholz oder Pappe verschlossen waren, und in der Mitte ragte dann ein Ofenrohr hervor. Aus den meisten kam Qualm. Gegenüber dem Kurhaus an der rechten Seite war ein flaches weißes Gebäude mit dem Namen ‚Haus Sonnenschein'. Man musste Treppen aus Klinkern steigen, um zu den beiden Gebäuden zu kommen. Am Fuße dieser Treppen war eine Art Platz, der dann zur rechten Seite in die Haupt-straße mündete, die ebenfalls aus Ziegeln bestand, aus Klinkern. Ich hatte noch nie vorher so eine Straße gesehen." Das Ziel seiner Familie war das Schulgebäude Wittdüns, wo Jan-Udo Wenzels Stiefvater als neuer Lehrer dringend erwartet wurde.

Wer aber nahm zuvor die Ankömmlinge im Kurhaus in Empfang? Hatten die jüdischen Organisationen Vorbereitungen getroffen, für Verpflegung und Heizmöglichkeiten gesorgt? Oder kamen sie in ein ausgekühltes Gebäude? Gewiss werden sich zunächst alle im großen Pfeilersaal versammelt haben und dann später ihre Zimmer bezogen haben. Klaus Hirschberg erinnerte sich später: „Mein erster Eindruck war: Super. Die Lage des Kurhauses war einzig, und endlich wieder einmal etwas Privatsphäre in einem Zimmer. Meine Mutter und ich bekamen einen Raum; meine Tante, die Frau von Mutters Bruder, hatte ihr eigenes Zimmer, und die Schwester meines Vaters hatte ebenfalls ein Zimmer. Aber die meisten Leute mit größeren Familien hatten auch nur einen Raum. Dann aber merkten wir, dass nicht alles Gold war, was glänzte. Keine Heizung, keine Waschgelegenheiten, Toiletten waren gleich neben den Treppen, also etwa 25 Meter den Gang entlang vom Zimmer. Es gab keine Kochmöglichkeit, usw.. Die Erwachsenen organisierten eine Gruppe, die in der Küche im unteren Stock kochte. An schlechtes Essen waren wir ja schon gewöhnt, aber dieses war noch schlechter. Für einige Wochen gab es nur Wrucken (Steckrüben), morgens, mittags und abends, zwei- bis dreimal gab es Nudeln mit Wasser am Sonntag."

Am 8. Dezember 1945 stellte Martha Hirschberg beim Bürger-meister von Wittdün einen Antrag auf Unterstützung und erfuhr zehn Tage später vom Landrat des Kreises Südtondern, dass sie monatlich 23 Reichsmark für sich und ihren Sohn erhalten würde. Sie solle alles tun, um den Zustand der Hilfsbedürftigkeit zu beenden.

Der Transport im Februar 1946 wurde begleitet von Alexander Kraut, einem Abgesandten der Jewish Relief Unit, einer englischen Hilfsorganisation vor allem jüdischer Freiwilliger, die sich um die Überlebenden des Holocaust zu kümmern versuchten. Zu dieser Gruppe gehörte auch Ella Meyer mit ihren Töchtern Ingeborg und Brigitte, 1935 und 1936 geboren. Ihren dreijährigen Sohn Wolfgang hatte sie wegen seiner Krankheit in einem katholischen Kinderheim in Flensburg lassen müssen, und auch ihr Sohn Volker blieb dort. Flossen Tränen der Verzweiflung oder blieben doch eher Zuversicht und Hoffnungen?

Als „nicht so zerrupft" wie andere Flüchtlinge empfand die damals zehnjährige Inge Jürgensen den Anblick der Neuen. Ihre Ankunft auf der Insel hatte sie zwar nicht beobachtet, aber schnell die Kinder und Jugendlichen im Kurhaus wahrgenommen, vor allem, als diese zum Unterricht in der kleinen Schule Wittdüns erschienen. Sie schloss Freundschaft mit der gleichaltrigen Ingeborg Meyer und deren Schwester Brigitte und ging wie auch Lehrersohn Jan-Udo Wenzel im Kurhaus ein und aus.

Die Schicksale der im Kurhaus untergebrachten Menschen gehören zu einem besonderen Kapitel des Holocaust, der Verfolgung von „Mischlingen" und „jüdisch Versippten", speziell auch, weil sie aus einer Stadt mit besonderem rechtlichen Status, der „Freien Stadt Danzig" kamen. Gleichzeitig stellen die wenigen Jahre des Lebens dieser Gruppe mit vielen Kindern und Jugendlichen auf Amrum ein einmaliges Kapitel in der Inselgeschichte, der Gemeinde Wittdün, der Schule in Wittdün und von Kindheitsgeschichte auf der Insel dar. Eben ein „Kapitel für sich", das mit viel Schweigen verbunden war und noch immer ist und das mehr als ein paar Fußnoten in wissenschaftlichen Untersuchungen verdient.

[2] Jochims-Bozic, Sigrun: „Lübeck ist nur eine kurze Station auf dem jüdischen Wanderweg", Jüdisches Leben in Schleswig-Holstein 1945-1950, Berlin 2004

[3] Kugler-Weiemann, Heidemarie, unter Mitarbeit von Sabine Seidensticker und Brigitte Söllner-Krüger: Spuren der Geschwister Prenski, Eine Schule lebt mit ihrem Namen, Geschwister-Prenski-Schule, Integrierte Gesamtschule Lübeck, Lübeck 2006

[4] Auf der Website der Initiative Stolpersteine für Lübeck sind die Biografien in deutscher und englischer Sprache zu lesen. www.stolpersteine-lübeck.de

[5] Zum Verlauf der Spurensuche siehe auch 8. Ein besonders verschwiegenes Kapitel

Aufmerksam wurde ich darauf durch einige knappe Hinweise in einer 2004 erschienenen Dissertation über jüdisches Leben in Schleswig-Holstein während der Nachkriegsjahre[2]. Da ich selbst seit mehr als zwanzig Jahren die Schicksale jüdischer Familien aus Lübeck erforsche, zunächst als Lehrerin an der nach den ermordeten Kindern einer ostjüdischen Familie benannten Geschwister-Prenski-Schule[3] und später für die Verlegung von Stolpersteinen des Künstlers Gunter Demnig in Lübeck[4], machten mich diese wenigen Informationen neugierig, mehr zu erfahren über die Geschehnisse auf meiner langjährigen Ferieninsel Amrum.

Schließlich dauerten meine Recherchen mehr als zehn Jahre; immer wieder gab es längere Unterbrechungen und dann auf Amrum den neuerlichen Anstoß zum Weitermachen[5]. Viele Aspekte galt es zu untersuchen und darzustellen. An manchen Stellen war es mir daher wichtig, die Situation aus unterschiedlichen Perspektiven zu betrachten und einzelne Erinnerungen in der Form kurzer Erzählungen besonders herauszustellen.

Mein großer Dank gilt vor allem Inge Sarsfield, geborene Jürgensen. Die detaillierten Erinnerungen dieser Amrumerin waren es, die mir in vielen Gesprächen ein Bild jener Jahre in Wittdün vermittelten. Ohne die während meiner Recherchen gewachsene Freundschaft mit ihr wäre es nicht gelungen, Kontakte zu den Menschen herzustellen, die von 1945 bis 1950 im Kurhaus untergebracht waren.

Ich danke von ganzem Herzen Klaus Hirschberg, Ingeborg Meurer, geborene Meyer, Hildegard Hohlfeldt und Alfred Hohlfeldt, Ursula Wendt und Alfred Herz für ihr großes Vertrauen, das sie mir in Gesprächen und Briefen entgegengebracht haben. Ihnen und ihren Familien ist diese Broschüre gewidmet.

Ich danke auch den Amrumern Karl-Heinz Schernewski und Helga Zimmermann, geborene Goetze, sowie Theodor Kölzow für ihre Gesprächsbereitschaft, ebenso Georg Quedens und Martin Segschneider. Mein Dank gilt weiterhin Bernd Philipsen (Flensburg) und Erich Koch (Schleswig), die mir mit ihren Informationen an manchen Stellen weiterhelfen konnten, Dieter Schenk für seine Hilfe mit besonderen Fotos aus Danzig und auch dem Haus Danzig in Lübeck für die Bereitstellung von Fotomaterial.

Einen besonderen Dank möchte ich den Mitarbeitern der Wiener Library für ihre schnelle und unbürokratische Unterstützung bei meinen Recherchen sagen. Mein Dank gilt auch den Redaktionsmitgliedern des AKENS[6] für viele wertvolle Hinweise.

[6] Arbeitskreis zur Erforschung des Nationalsozialismus in Schleswig-Holstein

Immer wieder ermutigt während eines langen Weges haben mich Deborah Mikliss, Katrin Schneider und Helga Kayser, und Ende 2017 machte mir Thurid Pörksen auf Amrum erneut Mut, aus dem schon längst abgeschlossenen Manuskript nicht nur gelegentlich vor Publikum zu lesen, sondern es endlich zu veröffentlichen.

Vielen herzlichen Dank!

Und schließlich danke ich meinem Mann Martin Harnisch. Er konnte mir zeigen, wo das Kurhaus gestanden hatte, und wusste noch genau, wie das Gebäude ausgesehen hatte, als er 1948 nach Amrum verschickt worden war. Meine Recherchen begleitete und unterstützte er immer mit großem Interesse, und er half mir bei der Erschließung handschriftlicher und englischsprachiger Quellen.

1. Ausgangspunkt Freie Stadt Danzig

Die Menschen, die ab Ende 1945 im Kurhaus in Wittdün untergebracht wurden, hatten ihre Heimat in Danzig, der einstigen Hansestadt unweit der Weichselmündung, und dem nahe gelegenen Kurbad Zoppot. Zwischen dem Ersten und Zweiten Weltkrieg bestand in Danzig eine besondere Situation, denn nach den Abmachungen des Versailler Vertrages wurde die vorher zum Deutschen Reich gehörige Stadt zusammen mit Zoppot und einigen kleineren Orten ein unabhängiger Staat und als „Freie Stadt Danzig" unter das Mandat des Völkerbundes gestellt. Britische und polnische Truppen sollten diesen Status gewährleisten. Der Danziger Hafen, der Zoll und die Eisenbahnverbindungen ins Ausland standen unter polnischer Verwaltung.

Fotoarchiv des Museums
Haus Hansestadt Danzig in Lübeck

Alte Ansicht Danzig: Langer Markt
mit Rathaus in den 1930er Jahren

1920 wurde der Danziger Volkstag mit 120 Abgeordneten zum ersten Mal gewählt. Die polnisch sprachige Minderheit (etwa 5 Prozent der Bevölkerung) war darin mit sieben Abgeordneten der Polnischen Partei vertreten. Der Senat mit dem Oberbürgermeister an der Spitze stellte die Regierung, war jedoch den Weisungen des Hohen Kommissars des Völkerbundes unterstellt. Gegen diese Regelungen gab es heftigen Protest großer Teile der Bevölkerung, besonders auch der jüdischen, die befürchtete, Pogromen von polnischer Seite schutzlos ausgeliefert zu sein.

1.1. Zur Situation der jüdischen Bevölkerung in Danzig[7]

Während des 19. Jahrhunderts und bis 1920 hatte sich die Zahl der zur jüdischen Minderheit gehörenden Menschen in Danzig sehr gleichmäßig zwischen zwei- und dreitausend bewegt, was zwischen 1 und 2 % der Gesamtbevölkerung der Stadt betrug. Seit 1882 bestanden die Jüdische Gemeinde Danzig und eine gemeinsame Religionsschule unter der Leitung des Rabbiners. Neben der Großen Synagoge gab es mehrere kleinere, unter anderem in Langfuhr und Zoppot.

[7] Die folgenden kurzen Anmerkungen zur besonderen Situation der jüdischen Bevölkerung in Danzig stützen sich vor allem auf die ausführlichen Darstellungen von Erwin Lichtenstein und Samuel Echt sowie eine zusammenfassende Darstellung der Untersuchungen von Gerhard Salinger auf der Internetseite www.sztetl.org.

Fotoarchiv des Museums Haus Hansestadt Danzig in Lübeck

Große Synagoge Danzig Aufnahme ohne Jahr

Der Status der Freien Stadt Danzig machte ab 1920 einen Zuzug ohne Visum möglich, was in den kommenden Jahren zu einer starken Zuwanderung osteuropäischer Juden führte. Der Großteil von ihnen flüchtete aus Ostpolen vor der bolschewistischen Offensive und wollte über Danzig auswandern, vor allem in die USA. Über 60.000 Menschen gelang dies in den Jahren 1920 bis 1926. Gleichzeitig ließen sich aber viele der Flüchtlinge in der Stadt nieder, darunter einerseits gebildete Menschen, die in Folge der Russischen Revolution ihre Positionen als Wissenschaftler, Fabrikanten, Beamte, Kaufleute oder Bankiers verloren hatten, andererseits aber auch eine weitaus größere Zahl mittelloser Menschen, die vor allem Schutz suchten vor antisemitischen Übergriffen und in Danzig auf ein besseres Leben hofften. Die jüdischen Gemeinden waren so vor immense Aufgaben gestellt, die Vielzahl neuer Mitglieder zu integrieren und arme Menschen zu unterstützen, zum Beispiel durch Suppenküchen und Kleiderkammern.

Die Zahlen geben ein deutliches Bild. 1923 gab es bereits etwa 7.300 Juden in Danzig, 1924 wurden ca. 9.300 gezählt. 1925 erreichte die Zahl mit 12.000 Menschen ihren Höchststand, danach sank sie leicht auf 10.500 im Jahr 1928. Noch 1936 zählte die jüdische Bevölkerung ca. 11.000 Menschen.

1933 drängten die nationalsozialistischen Kräfte in der Freien Stadt Danzig auf Neuwahlen und erreichten eine Mehrheit. Zwar bestand der Status der Freien Stadt unter dem Mandat des Völkerbundes unverändert weiter, so dass die neuen Gesetze aus Deutschland nicht übernommen wurden, und es wurde der jüdischen Bevölkerung ausdrücklich Schutz zugesagt, auch von der polnischen Regierung für die Ostjuden, aber tatsächlich waren die jüdischen Menschen nun zunehmender Willkür ausgesetzt. Schon kurz nach der Wahl fanden im Mai 1933 erste Übergriffe auf Juden statt; Rechtsanwälte, Ärzte, Schauspieler, Studierende und auch Arbeiter wurden schikaniert und verloren ihre Stellen. Nach und nach traten Bestimmungen in Kraft, die den Juden schleichend ihre Rechte nahmen und ihr Leben in allen Bereichen einschränkten. Proteste beim Völkerbund blieben ohne nennenswerte Resonanz. 1935 gab es organisierte Angriffe auf eine große Zahl von Geschäften und Lagerhäusern jüdischer Inhaber, sowohl in Danzig als auch in Zoppot, und 1937 wurden auf den Märkten gesonderte Bereiche für Juden abgesteckt. Vermehrt wurden Geschäfte und auch Privatwohnungen angegriffen, und die Übernahme von Betrieben begann.

Wer immer es vermochte, flüchtete. Im Oktober 1937 zählte die jüdische Bevölkerung noch etwa 7.500 Menschen, Ende 1938 noch um die 4000. Im Jahr 1938 wurden Verbote erlassen, Theater, Kinos und Hotels zu besuchen; jüdische Rechtsanwälte und Notare sowie Ärzte traf das Berufsverbot. Im Sommer 1938 wurde die Große Synagoge Danzigs von den Nazis überfallen, die Thorarollen wurden zertreten; in der Nacht vom 12. auf den 13. September 1938 wurden zwei weitere Synagogen geschändet.

Wenige Tage später, am 21.09.1938, wurden in Danzig die „Nürnberger Gesetze" eingeführt.

Der Hohe Kommissar des Völkerbundes stand dem Geschehen machtlos gegenüber, und auch die polnische Regierung konnte den versprochenen Schutz der Juden nicht länger garantieren. Die Emigration wurde zur Massenflucht. Bei der Auswanderung waren das American Joint Distribution Commitee („Joint") und die Hebrew Immigrant Aid Society (HIAS) behilflich. So konnten viele Menschen nach Großbritannien, Palästina, Südamerika und in die USA entkommen. Um auch weniger wohlhabenden Familien die Emigration zu ermöglichen, verkauften die jüdischen Gemeinden ihre Wertsachen ins Ausland und sämtlichen Grundbesitz an die Stadt, darunter die Friedhöfe und die Große Synagoge. Dadurch gelang es bis Anfang 1939, jüdische Jugendliche in besonderen Transporten nach England und Palästina zu bringen. Viele der mittellosen Ostjuden gingen auch zurück nach Polen.

Antisemitische Parole an der Großen Synagoge Danzig vor ihrem Abriss 1939

Beim Überfall der deutschen Truppen auf Polen im September 1939 lebten noch etwa 1700 Juden in Danzig, vor allem ältere Menschen. „Am 2. September, nachdem die Deutschen das ganze Gebiet von Danzig unter ihre Kontrolle gebracht hatten, richteten sie in Stutthof ein Konzentrationslager ein, und zwei Wochen darauf wurden mehrere hundert prominente Danziger Juden dorthin deportiert – unter ihnen der Schriftsteller und Journalist Jacob Lange und der Kantor der Synagoge von Danzig, Leopold Shufflan. Innerhalb einer Woche waren die meisten von ihnen infolge bewusster Gewaltanwendung gestorben."[8]

[8] Martin Gilbert, Endlösung, Die Vertreibung und Vernichtung der Juden, Ein Atlas, a.a.O., Seite 34

Die Verfassung Danzigs blieb bis zum April 1940 in Kraft, so dass manche Willkür von der Polizei unterbunden wurde und weitere Juden flüchten konnten. Sogar noch im August 1940 gelang einer größeren Gruppe die Flucht. In einem alten Speicher (Mysiastraße 7, heute Owsiana Straße) wurde 1940 ein Ghetto für etwa 600 Juden aus ganz Danzig eingerichtet, das bis 1943 bestand. Mit seiner Auflösung wurden diese Menschen nach Theresienstadt und Auschwitz deportiert.

Übereinstimmend nennen die Quellen eine Zahl von 22 überlebenden Juden in Danzig, manchmal heißt es „etwa 22", und bisweilen folgt der Hinweis, dass diese 22 in einer Mischehe die Verfolgung überstehen konnten. Nach den Aufzeichnungen des letzten Gemeindevorstehers „blieben in Danzig Ende Juli 1943 noch 22 Personen, davon 13 Sternträger und 9 Nicht-Sternträger, die in Mischehe lebten. Die in Mischehe lebenden Juden und Arier, ebenso die christlichen Nichtarier, fanden ohne Rücksicht auf ihren früheren Beruf nur Beschäftigung als ungelernte Arbeiter; sie unterstanden nicht der ordentlichen Gerichtsbarkeit, sondern nur der Willkür der Gestapo. Die arischen Eheteile wurden als Judenknechte beschimpft, mussten zum Teil ihren Beruf aufgeben und in untergeordneten Stellungen ihr Leben fristen. Die Gestapo versuchte, diese Ehen aufzulösen und Scheidungen zu erzwingen, um den jüdischen Partner unter die Judengesetze zu bringen. Zur Ehre fast aller kann gesagt werden, dass selbst schwerer moralischer und wirtschaftlicher Druck das Ziel nur sehr selten erreichte. … Zu den Menschen, die in Mischehe lebten, kamen diejenigen, die nach den Blut- und Rassentheorien der Nazis zu Juden erklärt worden waren. Diese Menschen, die ihre Bindungen zum Judentum oder Beziehungen zur jüdischen Gemeinde längst abgebrochen oder niemals besessen hatten, wurden ihrer Existenz beraubt und mussten, soweit sie nicht versteckt lebten, in ein Mietshaus in der Mausegasse ziehen."[9]

[9] Samuel Echt, Die Geschichte der Juden in Danzig, a.a.O. Seite 243 / 244

[10] Ebenda Seite 244

Als dieses Haus 1945 ausgebombt wurde, kam die Gemeinschaft anderweitig zusammen unter. Für sie wurde nach Kriegsende mit jüdischer Hilfe aus Warschau eine Gemeinschaftsküche eingerichtet.[10]

1.2. Ein Kapitel am Rande des Holocaust: „Mischehen"

Interkonfessionelle und interreligiöse Eheschließungen waren seit der Einführung der gesetzlichen Zivilehe 1875 in Deutschland und somit in der deutschen Stadt Danzig keine Seltenheit mehr, obwohl es gewiss in den meisten Familien nicht unerhebliche Auseinandersetzungen um jüdisch-christliche Partnerschaften und Heiraten gegeben haben dürfte. Die Anzahl christlich-jüdischer Ehen in Deutschland wird für 1933 auf 35.000 geschätzt.

In der Mehrzahl dieser Ehen waren jüdische Männer mit christlichen Frauen verheiratet, die meisten von ihnen konvertierten zum Christentum, die anderen blieben Mitglieder einer liberalen jüdischen Kultusgemeinde. Ein Übertritt zum Christentum war und ist mit der Taufe und einer damit verbundenen Einführung schnell vollzogen, das Konvertieren zum Judentum dagegen nur nach langem intensivem Unterricht bei einem dafür zugelassenen Rabbiner möglich.

In der Rassenideologie der Nationalsozialisten galten Juden als „minderwertige Rasse", und so forderte die NSDAP bereits in den 1920er Jahren, eine „Vermischung" von „hochwertigen Ariern" mit Juden zu verbieten. In den „Nürnberger Gesetzen" vom 15. September 1935 wurde dies auf dem Reichsparteitag der NSDAP gesetzlich festgelegt. Dabei handelte es sich um zwei Gesetze: das „Reichsbürgergesetz" und das „Gesetz zum Schutze des deutschen Blutes und der deutschen Ehre". Nur Arier galten nach dem „Reichsbürgergesetz" weiter als „Reichsbürger" mit politischen Rechten, Juden dagegen durften nur die Staatsangehörigkeit behalten, politische Rechte wurden ihnen aberkannt. Nach dem „Blutschutzgesetz" waren Eheschließungen zwischen „Deutschblütigen" und Juden verboten, außereheliche Beziehungen wurden als „Rassenschande" unter Strafe gestellt. Ausschlaggebend war dabei nicht die Religionszugehörigkeit, sondern die Abstammung. Menschen mit drei oder vier Großeltern jüdischer Religionszugehörigkeit galten als „Volljuden", selbst wenn sie christlich getauft waren. Arithmetisch wurden Kinder einer „Mischehe" als „Halbjuden" und deren Abkömmlinge als „Vierteljuden" bezeichnet. Mit einer Vielzahl von Erlassen wurde geregelt, welche antisemitischen Maßnahmen auch für „Halb-", „Viertel-" oder „Achteljuden" gelten sollten, teilweise auch regional unterschiedlich. Hierbei spielte das individuelle Religionsbekenntnis wiederum eine Rolle.

In der Freien Stadt Danzig erhielten diese Gesetze wie gesagt ab 1938 Gültigkeit.

Eine Zwangsscheidung bestehender „Mischehen" hatte zunächst keinen Eingang in die Gesetzgebung gefunden; Ehen, die vor 1935 schon bestanden, wurden daher zwar geduldet, aber in der Folge sahen sich die „arischen" Partner der „Mischehen" massivem Druck ausgesetzt, sich scheiden zu lassen. In einem gesonderten „Gesetz zur Vereinheitlichung des Rechts der Eheschließung und der Ehescheidung" vom 6. Juli 1938 wurden rassische Gründe als Scheidungsbegehren für zulässig erklärt. In etlichen Fällen konnten die Menschen den starken Repressionsmaßnahmen nicht standhalten und ließen sich scheiden.

So trennte sich aus der Gruppe der späteren „Kurhäusler" auf Amrum Ella Meyer von ihrem jüdischen Ehemann Siegfried Meyer, dessen Eltern die renommierte „Danziger Likörfabrik Im. Meyer" gehörte. Sie waren gegen seine Eheschließung mit Ella Lorbitzky gewesen. Ende 1937 wurde die Likörfabrik arisiert.[11] Die Eltern konnten sich in die USA retten, aber Siegfried Meyer blieb nur eine Flucht über Polen in die Ukraine, wo sich die Spuren des Kaufmanns und Ingenieurs verlieren. Bis heute wissen seine Kinder und Enkelkinder nichts über sein Schicksal.

[11] Samuel Echt, Die Geschichte der Juden in Danzig, a.a.O. Seite 173

Der Vater von Hildegard Hohlfeld weigerte sich trotz drängender Aufforderungen, sich von seiner Frau zu trennen, die als Tochter ihrer jüdischen Mutter als „Halbjüdin" galt. Obwohl er Mitglied in der

[12] Im Adressbuch Danzig von 1942 findet sich der Eintrag: Herz, Julius, Packer, Langgarten 105.

[13] Viele der Angehörigen von Julius Herz flüchteten nach Holland und wurden von dort in die Vernichtungslager im Osten deportiert.

[15] Frauke Dettmer, a.a.O., Seite 29

[16] Die Organisation Todt (OT), benannt nach ihrem Leiter Fritz Todt (1891-1942), wurde 1938 als militärische Bautruppe gegründet und für militärische Bauvorhaben vor allem in den Deutschland besetzten Gebieten eingesetzt.

NSDAP, also „Parteigenosse" war, verlor er seine Stellung als Beamter im Sozialamt und wurde nur noch als Bote beschäftigt und bezahlt. Im Krieg wurde er Soldat, war lange in Marienburg einquartiert und fiel kurz vor Kriegsende in Ostpreußen.

Alfred Herz (Jg. 1935) hat noch deutlich vor Augen, wie zwei Männer in langen Ledermänteln in das Zuhause der Familie in Danzig im Langgarten 105[12] gekommen seien und mit seiner Mutter hinter verschlossener Tür geredet hätten. Danach habe die Mutter geweint. Er konnte dieses Ereignis nicht einordnen und verstehen. Dass sein Vater Jude war, hätten er und seine sechs älteren Geschwister erst später erfahren. Julius Herz (Jg. 1892) stammte aus Münster[13], seine Frau Antonie Marie Selau (Jg. 1901) aus Danzig. Für die Eheschließung hatte sich der Kaufmann christlich taufen lassen.

„Nach dem Pogrom im November 1938 setzte sich eine Unterscheidung zwischen ‚privilegierten' und ‚nicht privilegierten Mischehen' durch. Die Einstufung einer Ehe hing davon ab, ob die Frau oder der Mann jüdisch war und ob die Kinder nicht-jüdisch erzogen worden waren. Die jüdischen Ehepartner aus privilegierten Ehen waren z. B. von der Pflicht zur Kennzeichnung mit dem gelben Judenstern, die im September 1941 eingeführt wurde, ausgenommen. Sie wurden auch zunächst von den Deportationen zurückgestellt." Wenn jedoch eine Ehe geschieden wurde oder der „nicht arische" Partner verstarb, blieb der „Schutz" nur bestehen, wenn es minderjährige Kinder gab. „Der Druck, der im Dritten Reich auf den Mischehen – ganz gleich welcher Konstellation – lastete, war außerordentlich groß. In allen Aufzeichnungen wird dies plastisch deutlich. Neben dem realen Erleben einzelner oder geballter Diskriminierungen, Degradierungen, Ausschlüsse per Gesetz, lauerte in Herz und Kopf die alles beherrschende Frage: Was kommt morgen? Welche Maßnahme, die heute für Volljuden gilt, wird morgen auf die Nichtarier und Mischehen angewendet?"[15]

So wurden Geschäfte „jüdisch versippter" Inhaber „arisiert"; „gemischte" Ehepaare mussten ihre Wohnungen verlassen und in „Judenhäuser" umziehen. Ab 1940 wurden die jüdischen Ehepartner in den meisten Fällen zu Zwangsarbeit verpflichtet und ab 1943 zusätzlich kaserniert. Und auch die „deutschblütigen" Ehemänner wurden ab Oktober 1943 als „jüdisch Versippte" in Arbeitslager der Organisation Todt[16] eingewiesen.

Alfred Herz vermutet, dass sein ältester Bruder Werner als Soldat in Frankreich in einer Abteilung der Organisation Todt[16] gewesen sei.

Für einen Einsatz in der Wehrmacht stellte die jüdische Abstammung der „Mischlinge" 1939 kein Hindernis dar. Hier durften sie wiederum als Teil der „Volksgemeinschaft" ihr Leben einsetzen. Zwar sorgte bereits wenige Monate später der Geheimerlass vom 8.4.1940 für erneute Ausgrenzung, doch wurden längst nicht alle Betroffenen tatsächlich aus der Wehrmacht entfernt. Die Gratwanderung aller „Mischlinge" wird an dieser Situation besonders deutlich, doch waren sie in ihrem Alltag manch anderes Mal vor die schwierige Entscheidung gestellt, sich von ihrer jüdischen Seite zu distanzieren in der Hoffnung, damit die eigene Lage vielleicht verbessern zu können.

Im Februar und März 1945 schließlich wurde begonnen, jüdische Ehepartner aus „Mischehen" nach Theresienstadt zu deportieren. In der Endphase des Krieges wurde diese reichsweit vorgesehene Aktion wieder abgebrochen. [17]

Aus der heutigen zurückblickenden Sicht haben jüdische Menschen in „Mischehen" in den meisten Fällen den Holocaust überlebt, aber dies war keineswegs sicher. Die Hamburger Historikerin Beate Meyer spricht von einem „zerbrechlichen Schutz" und stellt zusammenfassend fest, dass eine Mischehe „keine sichere Überlebensgarantie", aber vielen Menschen den notwendigen Zeitaufschub zum Überleben geboten habe. Wenn der Krieg jedoch noch länger gedauert hätte, so hätten die Machthaber „zweifelsohne auch diese letzten verbliebenen Juden in ihr Mordprogramm einbezogen".[18] Die verfolgten Menschen dürften das Ende der Naziherrschaft herbeigesehnt haben und in Danzig auf ein schnelles Vorrücken der Roten Armee gehofft haben. Wie diese Situation aber 1945 tatsächlich aussah, das dürften sie in ihren schlimmsten Befürchtungen nicht erwartet haben.

1.3. Danzig 1945

Schon seit Oktober 1944 hatten sich aus Ostpreußen viele hunderttausende Menschen auf die Flucht nach Westen gemacht, in großer Furcht vor Racheakten der Roten Armee.

Mit der sowjetischen Winteroffensive und der Einkesselung Ostpreußens wurde den Flüchtlingstrecks der Weg abgeschnitten, und ihnen blieb wie den Soldaten der Wehrmacht nur die Möglichkeit, über die Ostsee zu entkommen. So warteten in Danzig Unzählige auf ein rettendes Schiff nach Schleswig-Holstein oder Dänemark. An die 800 Handels- und Kriegsschiffe sollen bis Mai 1945 rund 500.000 Wehrmachtssoldaten und 1,5 Millionen Zivilisten evakuiert haben. Eines davon war das Lazarettschiff „Wilhelm Gustloff", das auf seiner Fahrt von Danzig mit über neuntausend Flüchtlingen an Bord von einem sowjetischen U-Boot torpediert und versenkt wurde. Es gab kaum Überlebende.

Ende März 1945 wurde Danzig von der Roten Armee gemeinsam mit polnischen Militäreinheiten eingeschlossen und erobert. Große Teile der bis dahin weitgehend unzerstörten Stadt wurden während der Kampfhandlungen zerstört bzw. anschließend geplündert und in Brand gesetzt. „Wer Glück hatte, konnte mit dem Notdürftigsten aus der Stadt fliehen und entging dem Schicksal von Vergewaltigung, Verschleppung oder Mord."[19]

Die Vorgänge in Danzig sollen hier nur angedeutet werden. Ihrem Hass, ihrer Wut ließen die siegreichen russischen Soldaten und mit ihnen polnische Soldaten und Milizen ungezügelten Lauf. Dabei gab es keine Unterscheidung zwischen Schuldigen und Unschuldigen, und so waren auch die vorher wegen ihrer jüdischen Abstammung verfolgten Menschen jetzt als Deutsche in ebenso großer Gefahr wie ihre vorherigen Peiniger.

[17] Eine detailliertere Darstellung der planmäßigen und zugleich höchst willkürlichen Maßnahmen von Ausgrenzung und Verfolgung der Menschen in „Mischehen" und „jüdisch versippten" Familien und der Auswirkungen würde hier zu weit führen. Verwiesen sei dazu vor allem auf die Untersuchungen der Hamburger Historikerin Beate Meyer.

[18] Beate Meyer, hier nach Wikipedia zu „Mischehen"

[19] Böddeker, Günter: Die Flüchtlinge..., a.a.O., Seite 1

Familienfoto Alfred Herz

Erna Herz (Jg. 1926) als Siebzehnjährige 1943 im Lunapark in Danzig

17

Privatarchiv Dieter Schenk

*Flüchtlingstreck
in Danzig
im Februar 1945*
Wie alle anderen Zivilisten in der Stadt mussten auch sie versuchen, irgendwo Unterschlupf in Ruinen oder außerhalb der städtischen Bebauung in Gartenkolonien zu finden, um möglichst unbemerkt zu bleiben.

Eine Verhaftung von der Straße konnte bestenfalls den Einsatz in Arbeitskolonnen bedeuten, welche die Schuttberge im Stadtgebiet beseitigen sollten, oftmals aber den Abtransport in sowjetische Lager. Vor Verschleppung, Plünderung, Misshandlungen, Vergewaltigungen gab es zunächst keinerlei Schutz.

Später wurden die russischen Soldaten teilweise zu Beschützern vor Übergriffen von polnischen Milizen. Um diesem unbeschreiblichen Elend zu entkommen, begingen viele Menschen Selbstmord.

Die Familie des Kaufmanns Julius Herz hatte in einem Schutzraum gegenüber ihres Wohnhauses Langgarten 105 mit großem Glück beim Angriff auf Danzig den Einschlag einer Bombe ins Treppenhaus des Gebäudes überlebt.

*Straßenzeile
Langgarten
in Danzig vor
und nach der
Zerstörung 1945*

Privatsammlung
Alfred Herz

Ruinen in Danzig 1945

Sie fanden zunächst alle Unterschlupf in einem anderen Luftschutzkeller. Julius Herz wurde dort von Soldaten der Roten Armee verhaftet. Seine Frau irrte tagelang mit den sechs Kindern durch die brennende Stadt, verzweifelt nach einer sicheren Unterkunft suchend.[20]

In einer Baracke in der Nähe des Bahnhofs fanden sie schließlich eine Bleibe. Frau Herz musste in der russischen Kommandantur in der Waschküche arbeiten und erhielt dafür etwas Essen für ihre Familie. In dieser Situation wurde sie schwer krank, litt an immer stärker werdenden Magenschmerzen. Ihr konnte nicht geholfen werden, und sie starb einen Tag später, nachdem Julius Herz frei gelassen worden war und seine Familie wieder gefunden hatte. An der Mauer des einstigen Zuhauses hatte sein Sohn Robert ihm den Aufenthaltsort notiert.

[20] In seinen Erinnerungen beschreibt Alfred Herz diese dramatischen Tage. Mehrfach schwebten alle in Lebensgefahr, einige Male wurden sie voneinander getrennt und konnten nur dank ihres verzweifelten Lebenswillens und Mutes wieder zusammen finden.

Brennende Ruine in Danzig, Ende März 1945

Nach dem Begräbnis von Antonia Marie Herz zwischen den Baracken kamen Julius Herz und seine Kinder im Haus der Großmutter im Ortsteil Ohra unter. Diese hatte Danzig auf der „Wilhelm Gustloff" verlassen und gehörte zu den wenigen Überlebenden des Untergangs, verlor aber infolge von Erfrierungen beide Beine. Von Ohra aus konnten zwei der Kinder täglich in den Stadtteil Langfuhr gehen und dort Essen abholen.

Neue Synagoge im Stadtteil Langfuhr Aufnahme ohne Jahr

[21] Die 1926/27 erbaute Synagoge Langfuhr wurde in der „Kristallnacht" demoliert, 1939 an einen Tischlereibetrieb verkauft, der sie als Möbellager benutzte, und 1945 an jüdische Organisationen zurück gegeben. 1946 begann die Instandsetzung, 1948 bis 1951 wurde die Synagoge renoviert.

Denn für die Gruppe der Menschen mit jüdischem Hintergrund gab es schließlich Unterstützung durch die internationalen jüdischen Hilfsorganisationen. In Langfuhr richteten sie im Gebäude der einstigen Synagoge[21] eine Anlaufstelle und Suppenküche ein und boten bald darauf den dort Hilfe suchenden Familien eine Transportmöglichkeit aus Danzig und der russischen Besatzungszone heraus „ins Reich" an. Nur so entgingen sie der späteren Vertreibung mit der übrigen deutschen Bevölkerung aus dem polnischen Gdansk. Nach der Erinnerung von Ingeborg Meurer, geborene Meyer, soll der Transport am 1. Oktober 1945 begonnen haben, an ihrem 10. Geburtstag. Der damals ebenfalls zehnjährige Alfred Herz erinnert sich, dass alle Familien vor dem Einsteigen in den Zug Verpflegung in Dosen von den Hilfsorganisationen erhielten. Sieben polnische Soldaten, darunter ein Offizier, hätten als Sicherheit den Transport begleitet und mehrfach mit Schüssen Überfälle auf den Zug während eines Halts abgewehrt. Irgendwann habe es keine Kohle zum Weiterfahren gegeben, so dass die Männer Holzschwellen von den Gleisen abgebaut hätten. Der Lokführer habe in dieser Situation Geld verlangt, damit er weiterfahre. Bei allen Familien im Zug seien Reichsmark gesammelt worden, so dass der Zug schließlich Küstrin erreichte.

Klaus Hirschbergs Erinnerungen[22]

Leben in Danzig und Zoppot

Ich bin am 11. Juni 1932 in Danzig geboren, meine Eltern waren Paul Hirschberg und Martha Hirschberg, geborene Freund. Meine Mutter war katholisch, wenn auch nicht sehr fromm, und der Vater war Jude.

Meine Großeltern mütterlicherseits wohnten in Danzig, und er war Schneidermeister. Vaters Eltern lebten in Meisterswalde, Kreis Danzig,[23] und hatten ein typisches Bauerngeschäft: Sie verkauften neben Lebensmitteln auch Kleidung, Metallwaren und anderes. Außerdem hatten sie noch, und das war mein Traum, ein Ausflugsrestaurant am Mariensee, das mein Onkel betrieb, mit Paddelbooten und einem schönen Strand.

Mein Vater war Vertreter und Einkäufer einer Tuch- und Stofffabrik in Danzig, und so lernten sich meine Eltern kennen. Ein Jahr später fanden sie mich im „Storchenhaus", so die Bezeichung der Danziger für die Frauenklinik. Wir wohnten beim Großvater in Danzig im Hinterhaus, wo es eigentlich recht gut war. Es gab einen großen Hof zum Spielen mit Obstbäumen. Weitere Geschwister bekam ich nicht, meine Eltern wollten gern noch ein Mädchen und ich eine Schwester, aber ich denke, dass meine Eltern abwarten wollten, wie sich die Situation entwickelte.

[22] Dieser Bericht von Klaus Hirschberg ist eine Zusammenstellung seiner Einzelberichte in verschiedenen Mails an die Verfasserin aus dem Jahr 2006. Der Wortlaut wurde nicht verändert, lediglich einige sprachliche Fehler korrigiert.

[23] Die Landgemeinde Meisterswalde, gelegen auf der Danziger Höhe, hatte 1905 um die 800 Einwohner. Der heutige Name lautet MIERZESZYN. (www.sztetl.org.pl)

Fotoarchiv des Museums Haus Hansestadt Danzig in Lübeck

Ostseebad Zoppot: Kurgarten und Nordstrand

1937 bekamen wir von dem anderen Großvater ein Haus im Vorort Zoppot, direkt an der Ostsee gelegen, erster Klasse. Ich weiß nicht, ob es dem Vater gehörte oder dem Großvater. Ich glaube, alle dachten, ich sei noch zu jung, um so etwas wissen zu müssen.

In Zoppot ging ich mein erstes Jahr in die Schule. Mutter hörte auf zu arbeiten, sie war Prokuristin bei Sternfelt, dem größten Kaufhaus von Danzig. Ich glaube, es war ihr langweilig, denn sie wurde meine Lehrerin, wenn ich nicht schnell genug verschwand und zum Strand lief, um mit meinen Freunden zu spielen. Aber sie paukte immer noch genug in mich rein, so dass ich am Jahresende lauter Einser bekam und das zweite Schuljahr überspringen konnte, was mich später fast das Leben gekostet hätte.

Ausgrenzung und Verfolgung

Im August 1939 hörte ich die Erwachsenen darüber sprechen, dass wir bald wegziehen müssten. Ich glaubte es aber nicht, es gab doch nichts Besseres als es war. Die Synagoge wurde angesteckt, in der ich einige Male mit meinem Vater gewesen war, obwohl ich im Storchennest katholisch getauft worden war. Nach meinem Willen fragte niemand.

Aber dann war es so weit, und mein Onkel Alli, Mutters Bruder, kam mit seiner Taxe und holte uns ab. Mir wurde erzählt, dass wir eine Schiffsreise machen würden. Jeder hatte einen Koffer, und wir fuhren mit dem Auto nach Neufahrwasser, dem Danziger Hafen. Doch nur mein Vater konnte an Bord gehen, meine Mutter und ich wurden nicht aufs Schiff gelassen. Es hieß, dass Kinder nicht mit könnten, da die Engländer die Schiffe nicht in den Hafen von Haifa ließen und die Leute an Land schwimmen müssten.[24] Ich kann mich an den Weg nach Hause entsinnen. Meine Mutter hat geweint, mein Onkel hat versucht, sie zu beruhigen, und ich hatte mich nach hinten verkrochen und heulte mit, wollte doch meinen Vater nicht verlieren.

Wir wohnten noch etwa drei Wochen in unserem schönen Haus. Dann kamen zwei SA-Männer und sagten meiner Mutter, dass der Staat das Haus beschlagnahmt habe, weil es jüdisches Eigentum sei, und wir müssten raus, egal wohin. Die Familie kam zusammen und beratschlagte, und wir zogen zu Mutters Schwester, die eine recht große Wohnung hatte. Allerdings meldeten wir uns nicht offiziell an. Mutter ging wieder zu Sternfelt arbeiten, und ich ging nun in Danzig zur Schule.

In meiner neuen Schule wurde ich von anderen Kindern und ein paar jüngeren Lehrern angefeindet, die heraus gefunden hatten, dass ich „Halbjude" bin und es in der Schule verbreiteten. Noch heute möchte ich mich bei der Frau Horn bedanken, einer etwas älteren Lehrerin, die immer für mich einsprang, wenn gehetzt wurde. In die Hitlerjugend durfte ich nicht eintreten, wo all meine neuen Freunde Spiele machten und zum Zelten fuhren. Ich durfte nicht die Mittel-schule besuchen, obwohl ich ein sehr gutes Zeugnis hatte.

[24] Als „Schiffbrüchige" wurden illegal Ankommende von der britischen Armee an Land gelassen und interniert.

Im Krieg

Zweimal bekamen wir Post von meinem Vater. Das erste Mal schrieb er recht ausführlich: Er habe tatsächlich ans Ufer schwimmen müssen, so wie es uns gesagt worden war. Ein Rettungsboot habe das Gepäck an Land gebracht, aber vieles sei von Arabern weggenommen worden. Er habe zwar gleich Arbeit als Handlanger gefunden, doch es gehe ihm nicht sehr gut, so dass er doch froh sei, dass wir nicht mitgekommen seien. Danach hörten wir nichts mehr von ihm bis 1943. Wir bekamen einen Brief von einem deutschen Soldaten, der uns sagte, dass mein Vater gesund sei und sich in Schlesien in deutscher Gefangenschaft befinde. Er sei von den Engländern einge-zogen und nach Zypern geschickt worden.[25] Nachdem die Insel von der Wehrmacht eingenommen worden war, sei er gefangen genommen worden. Wir sollten nicht auf den Brief reagieren, er wäre sonst in Schwierigkeiten.

Als sich die Bombenangriffe auf Danzig verstärkten, wurden die meisten Kinder aufs Land geschickt, in Jugendherbergen, Kinder-lager usw. Ich durfte nicht mit, sondern musste eine andere Schule besuchen, die für „Misfits" geeignet war. In dieser Zeit wurde ich sportlich sehr aktiv, was zu Lasten meiner normalen Ausbildung ging. Die Schularbeiten machte ich schnell am Morgen oder während des Unterrichts. Die Schule war im großen und ganzen langweilig.

Im Herbst 1944 wurde unsere Klasse zur „Wehrertüchtigung" geschickt, wir wurden zu Kanonenfutter. Wir mussten marschieren lernen, mussten lernen, wie man sich versteckt, mit Panzerfäusten und Kleinkalibergewehren umgeht. Meine Mutter nahm allen Mut zusammen und ging sich beschweren: Ich sei doch erst 12 Jahre alt. Ihr wurde gesagt, wenn ich die 8. Klasse besuchte, dann sei ich alt genug. Das ging so, bis die Russen vor Danzig standen. Dann waren wir in einem Kessel für etwa vier Wochen. Meine Klasse wurde an die Front geschickt. Ich glaube nicht, dass da viele von den Buben mit dem Leben davon kamen. Ich wurde mit einem anderen Jungen zusammen zum Luftschutz geschickt, weil wir beide die Panzerfaust nicht weit genug tragen konnten ohne anzuhalten und uns auszuruhen. Wir mussten Leuten aus den Kellern helfen oder versuchen, sie in den zusammen gefallenen Häusern zu finden und sie aus den Trümmern zu bergen. Außerdem mussten wir uns als Melder betätigen.

Ein Ereignis habe ich noch immer nicht vergessen: Ein etwas größerer Junge und ich wurden zu einem Luftschutzkeller geschickt, den eine Bombe getroffen hatte. Es war am frühen Nachmittag. Wir liefen in der Mitte der Straße, da auf den Bürgersteigen zu viel Schutt lag. Plötzlich kam ein russisches Flugzeug ganz niedrig die Straße entlang geflogen. Wir hatten keine Möglichkeit, uns zu verstecken. Es schoss, und wir warfen uns hin. Das dauerte nur ein paar Sekunden, dann war das Flugzeug weg. Mir lief das Blut übers Gesicht, so dass ich kaum sehen konnte, und mein Freund jammerte. Er hatte einen Schuss in den Bauch bekommen, konnte nicht aufstehen.

[25] Etwa 30.000 Juden aus Palästina dienten von 1939 bis 1946 in der britischen Armee, organisiert in Spezialeinheiten wie der „Jüdischen Brigade". (www.yadvashem.org)

Zum Glück kamen nach ein paar Minuten zwei Soldaten mit einem Pferdewagen vorbei, die die Toten und Verletzten aufsammelten. Sie verbanden uns beide und luden meinen Freund auf. Meine Verletzungen waren von Steinsplittern, denn in der Altstadt waren die Straßen mit Pflastersteinen belegt. Einer der Soldaten schnitt mir die Haare ab und pulte mit einer Pinzette die Splitter heraus, was sehr weh tat. Meinen Freund nahmen sie mit in ein Lazarett. Ich vergaß zu fragen, wo es war, habe ihn nie mehr gesehen.

Kriegsende und Besetzung durch die Rote Armee

Als die Russen näher kamen, wurde den ganzen Tag mit der Artillerie und Stalinorgeln in die Stadt hinein geschossen, und die Toten wurden nicht mehr abgeholt. Meine Mutter kam nach Hause mit Tickets für ein Schiff, das nach Kiel gehen sollte, die Gustloff. Ich redete es ihr aus, sagte, es könne doch nicht so schlimm sein mit den Russen, es sei doch nur Gerede der Nazis (Reklame von Hitler). Aber dann fanden wir heraus, dass es noch schlimmer war als berichtet, wenigstens in den ersten sechs Wochen. Erst kamen die Vergewaltigungen... Dann nach etwa zwei Wochen wurden alle Männer und junge Frauen gesammelt; sie mussten etwa 40 Kilometer weit in eine andere Stadt laufen, nach Graudenz, und wer es schaffte, wurde nach Sibirien transportiert. Ich sah, wie eine junge Frau mit zwei Kindern, eins im Babywagen, die Kinder stehen lassen musste und in der Kolonne mitgehen musste. Die Kinder heulten, dann kam eine ältere Frau und nahm sie mit. Ich glaube jedoch, dass die Kinder es nicht überstanden haben, denn es gab nichts zu essen und auch kein Wasser.

Ich musste für unsere Kellergemeinschaft Wasser aus der Motlau holen, wo eine Menge toter Tiere und Menschen herum schwammen. Es gab Ruhr und Typhus, und die älteren Leute und kleinen Kinder überstanden es nicht. Nach vier Wochen, nachdem die Russen alles ausgeräumt hatten aus den paar Häusern, die noch standen, steckten sie viele Häuser in Brand, vielleicht, um den Polen nichts zu lassen? Meine Mutter brauchte nicht mit auf den beschriebenen Todesmarsch zu gehen, sie war, so glaube ich, zu alt für die Frauen. Wir blieben noch etwa zwei Wochen im Keller. Ein Freund von mir und ich waren den ganzen Tag damit beschäftigt, Essen zu finden für die etwa 14 Leute, die noch mit im Keller waren.

Dann eines Tages ging ich zur Laube meines Onkels, die auf einem Berg nördlich von Danzig war. Meine Tante hatte dort überlebt und freute sich sehr, mich zu sehen. So wanderten wir dorthin, Mutter mit einer Tasche und ich mit einem alten Sack voll Kleidung, unsere ganzen Habseligkeiten. Wir lebten dort bis zum Spätsommer. Die russischen Besatzungstruppen waren einigermaßen anständig und halfen uns gegen die Polen, die sich sehr schlecht benahmen. Einige Male wurden wir fast aus der Laube rausgeworfen von Polen, riefen die Russen um Hilfe, und die jagten sie weg. Es war eine Hilfe, dass ich in der Zwischenzeit etwas Russisch gelernt hatte, sprechen konnte ich nicht gut, aber ich konnte verstehen. Als Kind lernt man ja sehr schnell, wenn es sein muss.

Von Danzig nach Amrum

Dann erfuhren wir, dass im Danziger Vorort Langfuhr eine jüdische Hilfsstelle eingerichtet wurde. Sie verteilten dort etwas Essbares, und einmal am Tag gab es warmes Essen. Die Frauen trauten sich nicht aus der Laube, denn die Gefahr, dass sie Zwangsarbeiterinnen für die Polen wurden, war groß. So ging ich jeden Tag mit einer Kanne dorthin und holte Essen.

Eines Tages wurde mir in der Hilfsstelle gesagt, dass die jüdische Hilfsorganisation einen Zug bestellt hatte, der nach Deutschland fahren würde, und dass sie allen raten würden mitzufahren. Etwa eine Woche später ging es los. Auf dem Weg zum Güterbahnhof wurden wir noch von der polnischen Polizei angehalten. Sie nahmen meinen Sack und schütteten den Inhalt auf die Straße, obwohl es regnete. Sie nahmen ihre Füße, um durchzusehen, ob sie etwas gebrauchen konnten. Als ich protestierte, wurde ich als „deutsches Schwein" beschimpft.

Der Zug brauchte sechs Tage bis Küstrin. Wir mussten den Zug verlassen und etwa einen Kilometer laufen nach Ostdeutschland. Dort warteten wir. Mein Freund und ich liefen in die Stadt, um nach etwas Essbarem zu suchen. Die Stadt war völlig leer, bis auf einige Leichen, die schon längere Zeit dort gelegen haben mussten. Ich war schon ein Experte darin, leider. Als wir durch ein Haus gingen, sprang auf einmal eine Katze aus ihrem Versteck. Ich bekam fast einen Herzschlag vor Schreck. Aber Essen fanden wir nicht.

In der Nacht kam ein russischer Militärzug. Wir durften in die leeren Viehwaggons einsteigen und fuhren darin bis nach Ostberlin. Dort wussten wir nicht wohin, aber jemand fand einen überschwemmten U-Bahnhof im Stadtteil Wedding. Wir fanden gerade alle Platz darin, es waren doch mehr als 100 Leute. Dort blieben wir ein paar Tage lang, aber da es kein Essen und Trinken gab, wanderten wir über die Zonengrenze und fanden ein US-Auffang-Lager, hauptsächlich für russische Gefangene, die zurück kamen, aber wir erhielten einmal am Tag etwas zu essen, und das war schon 100 % besser als vorher. Das Lager war eigentlich nur eine leere Fabrikhalle, die die Engländer oder Russen ausgeräumt hatten. Ein paar Toiletten, aber keine Waschräume, aber das war damals nicht sehr wichtig. Wir verbrachten dort einige Wochen, bis uns gesagt wurde, wir würden nach dem Westen geschickt.

Vorher aber mussten wir zur Entlausung, weil die Russland-Heimkehrer so verlaust waren und uns einen Teil ihrer Beute abgegeben hatten. Entlausung: Das war Spaß, alle nackend in die Duschen, und die Kleider kamen durch einen erhitzten Ofen. Den Frauen war es sehr unangenehm, aber wir Jugendlichen hatten Spaß daran, wieder einmal für 15 Minuten mit heißem Wasser gespritzt zu werden. Als wir auf der anderen Seite herauskamen, waren unsere Kleider da: Alles, was aus Plastik bestand, war geschmolzen.

Von dort aus ging es in den Zug nach dem Westen. In der Westzone kamen wir wieder in ein Lager bzw. alle paar Tage in ein anderes. Ich weiß die Namen nicht mehr alle, manche bestanden aus Zelten, andere aus Baracken.

Ich kann mich noch an Oldesloe und Segeberg entsinnen, dann ging es nach Flensburg in eine Schule, wo wir einige Wochen verbrachten. Schließlich wurde uns gesagt, dass endlich ein Platz für uns gefunden sei, und zwar auf der „schönen Insel Amrum" in einem Kurhaus.

Privatsammlung Inge Sarsfield

Nordseebad Wittdün auf Amrum Dampferbrücke. Das Gebäude links ist das Kurhaus. Ansichtskarte ohne Jahr

Kurhaus Wittdün
auf Amrum

Direkt an der Landungsbrücke und den beiden Strandpromenaden, auf drei Seiten vom Meer umgeben / Sämtliche Zimmer mit voller Seeaussicht und fließendem Waffer

Werbeprospekt „Kurhaus Wittdün auf Amrum" ohne Jahr

Leben im Kurhaus

Das Kurhaus hatte keine Heizungsmöglichkeiten. Einer von den Männern kam aus der Gefangenschaft und war Schlosser von Beruf. Er fing an, kleine Öfen zu bauen aus allen Metallabfällen, die wir finden konnten. Da waren noch große Scheinwerfer von der Flugabwehr, Küstenbunker von der Wehrmacht usw. Wir bauten alles ab, was ging, und er baute Öfen für jeden Raum. Danach richteten wir in der Ortschaft eine Menge Schaden an. Wir klauten alles Holz, das wir finden konnten, Zäune, Geländer, die Schlagbäume vom Zoll, den kleinen Wald von Wittdün. Und wir sammelten das Holz vom Strand.

Wir gingen wieder zur Schule. Ich kam in die neunte Klasse. Gelernt haben wir nicht viel. Nach einem Jahr war ich eigentlich fertig mit der Schule, aber da es nicht viel zu tun gab, fragte ich Herrn Wietasch, ob ich noch ein Jahr kommen könne. Er hatte nichts dagegen, so ging ich noch einmal ein Jahr, wurde aber nicht viel schlauer.

Der Sommer war gut. Wir spielten Fußball, gingen schwimmen, suchten angeschwemmtes Zeug am Kniepsand und kletterten auf dem U-Boot, das dort lag.

Nachrichten von meinem Vater hatten wir auf Amrum zunächst nicht. Trotzdem ging ich nach Blankenese,[26] als sich die Möglichkeit ergab. Wir lernten dort Hebräisch, bekamen etwas Kleidung, die gestiftet war aus den USA, und anständiges Essen. Wir bereiteten uns vor, nach Israel auszuwandern. Aber dann kam eines Tages ein Brief von meiner Mutter, die mich nach Amrum zurück rief. Ich erfuhr, dass mein Vater in Israel wieder geheiratet hatte, obwohl er gar nicht geschieden war. Er hatte meine Mutter dort für tot erklären lassen. Ich bekam einige Briefe von ihm, ich sollte unbedingt zu ihm ziehen, aber ich lachte ihn aus und brach jeden Verkehr ab. Etwa zwanzig Jahre später habe ich ihn noch einmal in Frankfurt getroffen. Da lebte ich schon längere Zeit mit meiner Frau in den USA, und wir besuchten ihre Eltern, die im Schwarzwald wohnten.

Von Vaters Eltern und seinem Bruder haben wir nie wieder etwas gehört. Meine Mutter war sehr ängstlich, sie erzählte mir, sie habe keine Möglichkeit gesehen, nach Meisterswalde zu kommen, um herauszufinden, wo sie sind. Außerdem hatte Vater zwei Schwestern. Eine war verheiratet mit einem Juden, sein Name war „Danziger". Sie hatten einen Jungen in meinem Alter. Im letzten Augenblick konnten sie nach Buenos Aires / Argentinien verschwinden. Nach dem Krieg versuchte ich sie zu finden, leider ohne Erfolg. Die andere Schwester heiratete einen Christen und lebte wie wir in Danzig. Ich besuchte sie öfters, und sie kam mit uns nach Deutschland im selben Zug. Später lebte sie in Bayern, wo sie auch verstarb. Mutter hatte drei Brüder und eine Schwester.

[26] In Hamburg-Blankenese wurden jüdische Kinder und Jugendliche im Haus der Familie Warburg auf ihre Auswanderung nach Palästina vorbereitet. Siehe Abschnitt „Vorbereitung auf Palästina in Blankenese"

2. Situation in Wittdün

2.1. Bäder-Antisemitismus auf Amrum[27]

[27] Die zusammenfassende Darstellung stützt sich in erster Linie auf die Untersuchungen von Frank Bajohr zum Bäder-Antisemitismus, a.a.O.

Die Insel Amrum, auf der die Familien mit jüdischem Hintergrund gelandet waren, dürfte manchem der Ankömmlinge als Erholungsgebiet ein Begriff gewesen sein, allerdings als einer der Badeorte, von denen jüdischen Gästen bereits vor dem 1. Weltkrieg dringend abgeraten worden war. Alljährlich veröffentlichten das Israelitische Familienblatt und die Zeitung des jüdischen Centralvereins unter der Überschrift „Wo Juden unerwünscht sind" eine Liste aller Orte, Hotels und Pensionen, die als antisemitisch galten. Zwischen 1890 und 1903 erschien Amrum regelmäßig auf dieser Liste, versuchte doch in jener Zeit ein „Badekommissar von Bismarck", nach dem Vorbild von Borkum ein „judenfreies" Bad zu schaffen. Seine Strategie schien sich jedoch nicht positiv auf die Gästezahlen auszuwirken; er wurde entlassen, und im Jahr 1903 distanzierte sich die Badekommission öffentlich von ihm und seiner Haltung.

[28] Bettina Goldberg, Abseits der Metropolen, a.a.O., Seite 263

[29] Ebenda Seite 263

[30] Eines der schönsten Ferienhäuser in Wittdün soll bis in die 1930er Jahre einer jüdischen Familie gehört haben.

[31] So verbrachte die 1877 in Berlin geborene Else Ury im Alter von acht oder neun Jahren eine Kinderkur im Haus Daheim, dem heutigen Haus Eckart, in Wittdün (Michael Ebeling, Hamburg). In „Nesthäkchen im Kinderheim", dem dritten Band ihrer erfolgreichen Mädchenbuchserie (10 Bände veröffentlicht zwischen 1914 und 1925), verarbeitete die spätere Schriftstellerin und Kinderbuchautorin ihre Erinnerungen in anschaulichen Schilderungen einer Kinderkur auf Amrum. Else Ury wurde als Jüdin am 13. Januar 1943 aus Berlin nach Auschwitz deportiert und dort ermordet.

„In der Folge verschwand Amrum für gut zwei Jahrzehnte aus den Verzeichnissen antisemitischer Bäder, tauchte jedoch ab 1926 dort wieder regelmäßig auf. Als antisemitisch wurde jetzt nicht mehr die ganze Insel, sondern nur Norddorf eingestuft, außerdem in Wittdün die ‚Villa Quedens' (später ‚Haus Therese') sowie in Nebel das Nordseesanatorium", so fasst Bettina Goldberg[28] die Situation zusammen. In Norddorf dürfte der starke Einfluss der evangelischen Kirche mit den „christlichen Seehospizen" eine entscheidende Rolle gespielt haben. „Neben evangelischen Pastoren waren es häufig Ärzte, die den Antisemitismus in der Region gesellschaftsfähig machten, und hierauf verweist auch das ‚Nordseesanatorium' in Nebel. Es befand sich im Besitz des aus Parchim (Mecklenburg) stammenden Sanitätsrates Dr. Johannes Ide, dessen 1899 geborener Sohn Dr. Wilhelm Ide der NSDAP-Ortsgruppe von Amrum vorstand. Auf eine Anfrage des Centralvereins, den Charakter des Sanatoriums betreffend, antwortete Dr. Wilhelm Ide in seiner Eigenschaft als leitender Arzt: ‚Jüdische Kinder nehme ich nicht gern auf.'"[29]

Zu ergänzen ist, dass Dr. Wilhelm Ide auch nach dem Zweiten Weltkrieg die ärztliche Betreuung des nunmehr auf Kindererholung spezialisierten Hauses hatte und überdies als „der" Arzt auf der Insel seine Wohnung und Praxis in Wittdün hatte. Er war also auch für die im Kurhaus untergebrachten Menschen zuständig.

Vor diesem Hintergrund dürfte es auf Amrum wohl bis in die 1930er Jahre eher wenige jüdische Kurgäste gegeben haben[30], allerdings sicherlich Kinder aus jüdischen Familien in den zahlreichen Kinderheimen.[31] Auch unter dem Personal in Hotels und Heimen könnten jüdische Ärzte und Ärztinnen, Krankenschwestern, Kinderpflegerinnen oder Erzieherinnen gewesen sein. In der einheimischen Bevölkerung hatte es laut Volkszählung von 1925 im ganzen Kreis Südtondern 20 Juden gegeben, 1933 noch 18.

Eine auf der Volkszählung 1925 fußende Statistik im Israelitischen Kalender für Schleswig-Holstein von 1927 nennt als Wohnorte neben Westerland und Keitum auf Sylt (je 2), Wyk auf Föhr (7) auch Amrum (2 Männer), Norddorf (2 Männer) und Wittdün (2 Frauen).[32] Unklar bleibt dabei, welches dabei die Gesamtzahl auf Amrum sein soll und wer diese Menschen gewesen sind. In einer Erläuterung weist der Kalender außerdem darauf hin, dass viele jüdische Menschen bei der Volkszählung ihre Religion nicht angegeben hätten, so dass die Zahlen kein realistisches Bild ergäben.

Der Amrumer Journalist und Inselchronist Georg Quedens beschrieb erstmals 2012 die Situation der Jahre 1933 bis 1945[33]. Er betont, es habe keine jüdischen Einwohner und Einwohnerinnen gegeben, nennt aber gleichzeitig zwei „Grenzfälle". Erwähnt wird eine Norddorferin, die 1933 auf der Insel einen jüdischen Schneider aus Berlin geheiratet hatte, sich dann aber von ihm scheiden ließ. Ausführlich schildert Quedens den Umgang mit einem jungen Mädchen aus Hamburg, einer „Vierteljüdin", deren Großeltern mütterlicherseits auf Amrum lebten. Ihr Ausschluss aus der Amrumer Jungmädchen-Organisation soll auf Unverständnis und Empörung selbst der „Führerinnen" des BDM gestoßen sein. „Marret wollte über Weihnachten im Kriegsjahr 1943 ihre Amrumer Familie besuchen und war schon auf dem WDR-Dampfer in Dagebüll, als sie dort von dem Nebeler Bürgermeister Peter Christiansen entdeckt und auf üble Weise („Wir wollen keine Juden auf Amrum haben") in Dagebüll wieder an Land gesetzt wurde. Nun saß das Mädchen einsam und hilflos in Dagebüll. Da ergriff Onkel Anton – ein Bruder der Mutter – die Initiative, telefonierte mit dem Geschäftsführer der WDR, Fiede Lützen, und ließ Marret per Extraboot nach Amrum holen."[34]

Die Wahlergebnisse der kleinen Gemeinde Wittdün geben ein deutliches Bild der Einstellung der Bevölkerung. Bei der Reichstagswahl im November 1932 entfielen von den 130 abgegebenen Stimmen 92 auf die NSDAP, 24 auf die nationalkonservativen Deutsch Nationalen und weitere 7 auf die nationalliberale Deutsche Volkspartei. Die Sozialdemokraten erhielten ganze 6 Stimmen, die Kommunisten bekamen eine einzige Stimme. Wenige Monate zuvor, im Juli 1932, waren es noch vier Leute gewesen, die für die KPD votiert hatten. Bei der Reichstagswahl am 5. März 1933 bekamen die Nationalsozialisten 85 Stimmen, auf den mit der NSDAP verbündeten Kampfblock Schwarz-Weiß-Rot entfielen 22 Stimmen. Die Deutsche Volkspartei erhielt 3 und die Sozialdemokraten noch 4 Stimmen.[35] Ein sehr einheitliches „braunes" Ergebnis also.

Ideologie und Politik des ab 1933 herrschenden NS-Regimes dürften somit Zustimmung und Unterstützung der allermeisten Inselbewohner gefunden haben, zumal das 1933 gegründete Freizeitwerk „Kraft durch Freude" (KdF) mit seinen organisierten Urlaubsangeboten für die „Volksgemeinschaft" auch auf Amrum für beste Geschäfte im Fremdenverkehr sorgte.[36]

[32] Israelitischer Kalender für Schleswig-Holstein für das Jahr der Welt 5688 vom 27.9.1927 bis zum 14. 9. 1928, hrsg. vom Verband der jüdischen Gemeinden Schleswig-Holsteins, in Teilen abgedruckt in: Gillis-Carlebuch, Miriam, Hrsg.: Memorbuch, a.a.O., Seite 148 ff

[33] Georg Quedens: Die Nazizeit auf Amrum, a.a.O., Seite 121-160

[34] Georg Quedens, Die Nazizeit auf Amrum, a.a.O., Seite 151

[35] Wahlergebnisse aus dem Kreise Südtondern, Sammlung Frank Omland (AKENS)

[36] Florian Harms: Wellness unterm Hakenkreuz, Spiegel-online

Mit dem Beginn des Zweiten Weltkriegs im September 1939 waren diese Zeiten zwar vorbei und die Insel wurde für jeglichen Fremdenverkehr gesperrt, doch die Überzeugung der Insulaner war keineswegs gebrochen. Inselchronist Georg Quedens wählte die Überschrift „Fast Friedenszeiten – wenn nicht die Gefallenen wären" zur Veranschaulichung der Situation. Eine Vielzahl von Marinesoldaten war auf der Insel einquartiert, auch in den Hotels von Wittdün, und sie „führten wie die Amrumer selbst ein gefahrloses und gemütliches Leben"[37], da es abgesehen von wenigen Bombenabwürfen keine Luftangriffe auf die abgelegene kleine Nordseeinsel gab. Mit dem Angriff auf die Sowjetunion stieg die Zahl der gefallenen Soldaten auf schließlich 85 Männer von Amrum an. Außerdem galt es, die zahlreichen Leichen deutscher und alliierter Soldaten aus versenkten Schiffen und abgeschossenen Flugzeugen zu bergen und zu begraben.[38]

Quedens kommt zu der abschließenden Bewertung: „Der Krieg hatte die Insel mit eigentlichem Kriegsgeschehen weitgehend verschont. Aber dann wurden wenige Monate vor Kriegsende die Amrumer doch für ihre Nazi-Narretei gestraft: durch den Flüchtlingsstrom aus dem Osten des Reiches."[39]

[37] Quedens, Die Nazizeit auf Amrum, a.a.O., Seite 154

[38] Quedens, Die Nazizeit auf Amrum, a.a.O., Seite 156

[39] Ebenda, Seite 156

2.2. Notjahre 1945 / 1946

Ende 1945 fehlten den Gemeinden der Nordseeinsel Amrum mit ihren wenigen Hundert ständig dort lebenden Menschen schon sechs Kriegsjahre lang die Einnahmen des Fremdenverkehrs, also fast jegliche Einnahmen. Hotels und Pensionen waren geschlossen, ebenso alle Heime und auch die Jugendherberge. Die Männer im wehrfähigen Alter waren zumeist Soldaten gewesen und noch nicht auf die Insel zurück gekehrt. So bestand die einheimische Bevölkerung Wittdüns wie anderer Orte auch vor allem aus Frauen, Kindern und alten Menschen. Die vordringlichste Aufgabe, die den Alltag bestimmte, bestand darin, die Ernährung zu sichern. Waren die Lebensmittelrationen bereits während der letzten Kriegsjahre kleiner geworden, so verschlechterte sich die Situation nach dem Krieg dramatisch.

Nordseebad Wittdün auf Amrum, von Norden aus der Luft gesehen

Historische Ansichtskarte o.J. im Besitz der Verfasserin

Auf Amrum wurde Landwirtschaft betrieben, doch nur ein kleiner Teil der Inselfläche ermöglichte es, Getreide, Kartoffeln, Rüben und anderes Gemüse und Obst anzubauen. Der Geestanteil der Gemeindefläche Wittdüns war zudem sehr gering. Tiere wurden gehalten, neben Rindern und Schweinen vor allem Schafe und Hühner. Dazu kamen Fischfang und Muschelernte, die Jagd von Wildtieren, besonders von Kaninchen, und das Sammeln von Vogeleiern, Wildfrüchten und essbarem Strandgut. „Verhungern musste auf Amrum niemand", so die übereinstimmende Aussage der Amrumer Zeitzeugen[40].

Inge Sarsfield, geborene Jürgensen,[41] erinnert sich, dass ihr Vater stets für nahrhafte Gerstengrütze gesorgt habe, der warme Topf wärmte überdies die Betten an. Doch schwer war das Leben, noch beschwerlicher in den langen und kalten Wintern. Die knappen Kohlenvorräte waren schnell erschöpft, und es musste Brennmaterial zum Überleben herangeschafft werden, oft war dies Treibholz, aber auch Zäune, Büsche und Bäume verschwanden zunehmend aus dem Ortsbild.

Die Situation verschärfte sich mit der Ankunft von Flüchtlingen. Bereits 1943 waren Familien aus dem ausgebombten Hamburg auf der Insel untergebracht worden, und ab Februar 1945 folgten die großen Transporte von Flüchtlingen aus dem Osten, von Vertriebenen und den Familien aus Danzig, die auf Anordnung der britischen Militärregierung im Kurhaus untergebracht wurden. In Wittdün lebten schließlich 380 Menschen, die es hierher verschlagen hatte, mit 240 Einheimischen zusammen.

Flüchtlingsunterkünfte in Wittdün waren vor allem die anderen Hotels wie das „Victoria" und „Vierjahreszeiten", „Viking" und „Bellevue", die Kinderheime, die Jugendherberge und das Wilmersdorfer Nordseeheim, aber es mussten auch durch die Wohnraumbewirtschaftung in vielen Privathäusern Räume für Flüchtlinge freigemacht werden. Die kleine Ortschaft Wittdün wies anders als heute keine geschlossene Bebauung auf, sondern bestand aus einer überschaubaren Zahl einzelner Häuser. Nur an der Inselstraße gab es bereits eine Reihe nebeneinander stehender Gebäude. Da waren die Bäckerei Reeps, die Schlachterei Petersen, das Milchgeschäft Braasch, ein Gemüseladen, ein Biervertrieb, das Lebensmittelgeschäft Naeve sowie weitere Läden für Kolonialwaren und Kurmittel. Es gab den schon erwähnten Arzt Dr. Ide, Friseur Kramer, die Klempnerei Bohn, Tischlermeister Jannen, die Baufirma Behrend, das Photohaus Hartung, das Café Goetze, die Post, das Gemeindehaus, den Kursaal und ein Warmbad, die Kapelle der evangelischen Kirche und wenige weitere Wohnhäuser.[42]

Eine besondere Gruppierung in der Bevölkerung Wittdüns waren die Familien der Zollbeamten. Für sie gab es am Rande der Ortschaft einige Häuser, von denen es ein kurzer Weg zum Seezeichenhafen ist, dem Liegeort der Zollboote.

[40] Die zahlreichen Sterbefälle unter den Flüchtlingen auf Amrum hatten diese Zeitzeugen bei ihrer Äußerung nicht im Blick.

[41] Hans Jürgensen, seit 1937 Jugendherbergsvater in Wittdün, war 1939 freiwillig Soldat geworden. In Frankreich wurde er schwer verletzt, so dass er nach langem Lazarettaufenthalt 1943 auf die Insel zurückkehrte. In der mit Flüchtlingen belegten Jugendherberge war er als Hausmeister und Lagerleiter auch für die gemeinschaftliche Verpflegung zuständig.

[42] Nach den „Amrumer Erinnerungen" von Jan-Udo Wenzel, 1992

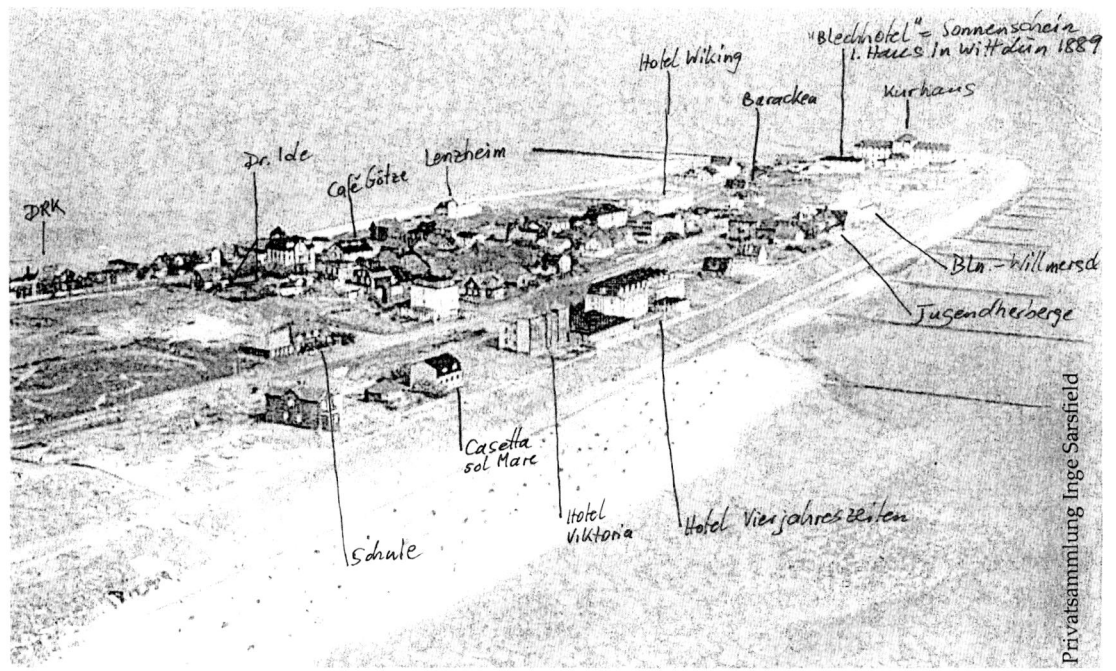

Privatsammlung Inge Sarsfield

Bebauung in Wittdün auf Amrum in der Nachkriegszeit

    In der kleinen Inselgemeinde Wittdün war also eine Vielzahl von Menschen unter schwierigsten Bedingungen gezwungen, irgendwie miteinander umzugehen. Allen gemeinsam war der tägliche Kampf gegen Hunger und Kälte. Schon dabei waren die „Einheimischen" im Vorteil, hatten sie doch die Möglichkeit, in ihren Gärten Kartoffeln und Gemüse anbauen zu können, auch Hühner und andere Tiere zu halten, und sie kannten die Möglichkeiten, etwas Essbares auf der Insel zu finden. Der Inselchronist Georg Quedens beschreibt die ersten Monate und Jahre nach dem Zweiten Weltkrieg als eine Art von „Anarchie", in der nicht nur Naturschutz- und Jagdgesetze außer Kraft gesetzt waren, sondern auch Autoritäten wie Bürgermeister, Lehrer oder Feuerwehrmänner zunächst fehlten. „Alle, Einheimische und Flüchtlinge, rannten durch das Gelände, um Vogeleier zu suchen, auch im Naturgeschutzgebiet Amrum-Odde. Ebenso stellte man mit Fallen, Hunden oder durch Ausgraben der Baue den Wildkaninchen nach, unbehelligt von Jagdpächtern und Jagdgesetzen. Nur die Strandgesetze … behielten ihre Gültigkeit. Doch durfte alles Holz unter einem Meter Länge mitgenommen werden – zum Kochen auf den Herden und Beheizen der Zimmer wertvolles Material."[43]

    Unvergessen blieb vielen damals Beteiligten, wie eines Tages etliche Kisten mit Apfelsinen an den Strand geschwemmt worden waren. Der Kniepsand sei voller Apfelsinen gewesen, die allerdings zur großen Enttäuschung salzig geschmeckt hätten.

    Mussten die Einheimischen auch in ihren Häusern zusammen rücken, so hatten sie doch im Gegensatz zu allen Hinzugekom-

[43] Quedens, Die Nazizeit auf Amrum, a.a.O., Seite 158

menen ein unzerstörtes Zuhause mit vollständiger Einrichtung. In ihrem Besitz befand sich noch manches, das Tauschwert hatte und gegen Essbares, gegen Brenngut oder anderes Benötigte einzusetzen war. So kamen die Einheimischen durchaus „ins Geschäft" mit den „Kurhäuslern", die als ehemals Verfolgte eine zusätzliche Versorgung durch jüdische Hilfsorganisationen erhielten.

Alfred Herz beschreibt in seinen Erinnerungen, dass vor allem die mitgeschickten amerikanischen Zigaretten nützlich waren, andere Gebrauchsdinge auf der Insel einzutauschen. Die Tochter des damaligen Leiters der Jugendherberge erinnert deutlich, dass ihr Vater im Austausch mit Herrn Wendt war, dem Sprecher der Gemeinschaft im Kurhaus. Die Eier ihrer Hühner waren begehrte Tauschwährung. Konnte sie selbst ein recht unbeschwertes Kinderleben führen, so beeindruckte sie es damals sehr, wie genau die Schulfreundin Waltraud Zagermann, ein Flüchtlingsmädchen, Bescheid wusste über die zustehenden Rationen an Lebensmitteln und alle Änderungen, die im Laufe der Monate und Jahre erlassen wurden.

Hilfe kam durch gelegentliche „Care-Pakete" der US-Organisation Cooperative for American Remittance to Europe mit folgendem Inhalt: ein halbes Pfund Trockenei, 340g Frühstücksfleisch, je ein Pfund Leberkäse, geschmortes Rindfleisch, Aprikosen, Schokolade, Kaffee, je zwei Pfund Zucker, Pflanzenfette, Trockenmilch, sieben Pfund Mehl und 170g Seife.[44] Aus anderen Staaten gab es ebenfalls Hilfen, so aus Schweden mit Sendungen der Christlichen Nothilfe und der Schulspeisung, an der auch das dänische Rote Kreuz beteiligt war.

Ab April 1947 erhielten alle Kinder und Jugendlichen zwischen 6 und 18 Jahren in der Bizone (britische und amerikanische Besatzungszone) täglich eine Mahlzeit von 350 Kalorien. Die „Hooverspeisung" wurde von der eigens dafür gegründeten Stiftung des früheren amerikanischen Präsidenten Herbert Clark Hoover finanziert.[45]

Etliche der Einheimischen auf Amrum gaben sich nun als Angehörige der dänischen Minderheit aus. Dabei dürfte die Aussicht, so Lebensmittelpakete des dänischen Hilfswerks zu erhalten, sicher eine entscheidende Rolle gespielt haben. Das Schimpfwort „Speckdäne"[46] wird also auch in Wittdün an der Tagesordnung gewesen sein.[47] Viele Amrumer Familien hatten zudem Angehörige, die in die USA ausgewandert waren und jetzt Lebensmittel und Kleidung an ihre Verwandten schickten.

Mangel herrschte (nicht nur auf Amrum) an Lebensmitteln, an Kleidung, vor allem warmer Winterkleidung und Schuhwerk, an Seife und Waschmittel, an jeglichen Materialien für Reparaturen, Heizmaterialien, Papier und vielem anderen. Die größte Not erlitten die Flüchtlinge, die nicht wie die Menschen im Kurhaus zusätzliche Unterstützung bekamen. Etliche von ihnen überlebten die ersten Nachkriegsmonate auf der Insel nicht, vor allem Säuglinge und Kleinkinder starben in Folge von Kälte und Mangelernährung sowie den daraus resultierenden Erkrankungen.

[44] Vgl. Schreiber und Holzgerlinger Bote 1/2012, www.holzgerlingen.de

[45] Ebenda und „Amrum – eine Insel der Armut" a.a.O.

[46] Nach dem Ersten und besonders dem Zweiten Weltkrieg Schimpfwort deutsch Gesinnter im Landesteil Schleswig gegen Einwohner, die sich zur dänischen Minderheit bekannten. Es wurde unterstellt, es gehe dabei allein um Lebensmittelpakete aus Dänemark, was jedoch das Anwachsen der Minderheit nach den beiden Kriegen nicht erklärt. www.geschichte-s-h.de, Stichwort: Speckdäne

[47] Quedens, Die Nazizeit auf Amrum, a.a.O., Seite 159

Die Grabtafeln in der Gedenkanlage auf dem Neuen Friedhof Amrums geben ein deutliches Bild und relativieren die Aussage, niemand habe verhungern müssen: Fünf Namen von Säuglingen unter einem Jahr finden sich auf den kleinen Grabplatten, weiterhin starben neun Kinder zwischen ein und drei Jahren, sechs Kinder zwischen drei und sechs Jahren, vier Kinder zwischen sechs und fünfzehn Jahren, insgesamt also 24 Kinder der Flüchtlinge auf Amrum.

Weiterhin finden sich Grabtafeln für dreizehn Erwachsene zwischen 17 und 60 Jahren sowie die Namen von acht Männern und zwei Frauen über sechzig. 23 Erwachsene und 24 Kinder starben in den Jahren 1944 bis 1949, allein 25 im Jahr 1945 und zehn im Jahr 1946. Dem frostklirrenden Notwinter 1946/47, in dem die Nordsee über längere Zeiten zugefroren war und damit Amrum vom Festland abgeschnitten, folgte starke Hitze im Sommer 1947.

Fotografie: H. Kügler-Weiemann

Grabplatten in der Gedenkanlage auf dem Friedhof in Nebel.

Drei der kleinen Grabplatten machen das tragische Schicksal einer Familie sichtbar: Bianka Nickel verstarb am 8.6.1945 bei der Geburt ihres Sohnes Manfred. Der kleine Junge wurde nur ein halbes Jahr alt und starb am 12.12.1945. Nur wenige Monate später kam auch sein Vater Ernst Nickel ums Leben: Er starb am 18.9.1946 im Alter von 34 Jahren. Er soll auf dem Rückweg von Föhr durch das Watt von der Flut überrascht worden und im Priel ertrunken sein.[48]

[48] Quedens, Amrumer Friedhöfe in neuer Gestalt, Jahreschronik Amrum 2012, Seite 80

Kurze Geschichte des Kurhauses

1892 war das Hotel Kurhaus auf der Südspitze der Insel Amrum in exponierter Lage erbaut worden, von der „Aktiengesellschaft Nordseebad Wittdün – Amrum" (AGWA) unter der Leitung des Hoteliers Heinrich Andresen und des Bankiers Johannes Fast aus Tondern. Ein Werbeprospekt aus dem Jahr 1894 beschreibt das „feinste Hotel aller Nordseebäder" als ein „massiv gebautes, mächtiges Gebäude mit 63 Logierzimmern, großen Veranden und einem herrlich dekorierten Saal", besucht nur „vom feinsten Publikum".[49]

Hatten noch im Sommer 1911 Angehörige des Kaiserhauses ihren sechswöchigen Badeurlaub im „ersten und vornehmsten Hotel der Insel" verbracht und damit das Kurhaus eine glanzvolle Saison als „Mittelpunkt des gesellschaftlichen Lebens" auf der Insel erlebt, so brachte der Erste Weltkrieg jeglichen Fremdenverkehr zum Erliegen, und im leerstehenden Kurhaus wurden Soldaten einquartiert. Mit dem Ende der „wilhelminischen Gesellschaft" wurde es schwieriger, das Hotel im bisherigen Stil weiter zu betreiben.

Ein erster Versuch mehrerer dänischer Kaufleute scheiterte, als sich die Bevölkerung in der Abstimmung des Jahres 1920 gegen eine Zugehörigkeit zu Dänemark entschied. Neuerliche Versuche eines französischen Bankiers und eines Hamburgers führten schließlich 1925 zu einer Zwangsversteigerung, in der die Gemeinde Wittdün „ihr Wahrzeichen" ersteigerte und anschließend an den Gewerkschaftsbund für Angestellte verkaufte. Damit erstrahlte 1926 das Kurhaus „in neuem Glanz", aber es waren nun andere Gäste, die das Hotel durch seine große Halle betraten und über das großzügige Treppenhaus ihre Zimmer in den oberen Etagen aufsuchten, alle mit Blick auf die See.

[49] Die wechselvolle Geschichte des „Flagschiffes" unter den großen Hotels Amrums soll hier nicht im einzelnen beschrieben werden, lässt sie sich doch nachlesen in Veröffentlichungen zur Geschichte des „Seebads Amrum"; nur einige Eckdaten seien erwähnt.

Privatsammlung Inge Sarsfield

Anzeige vom Kurhaus Wittdün in einer Werbebroschüre von 1930/31

Treppe zum Kurhaus in Wittdün mit Hakenkreuzfahne

Historische Ansichtskarte im Besitz der Verfasserin

1933 wurde das Kurhaus wie alle Einrichtungen des Gewerkschaftsbundes von der nationalsozialistischen Arbeitsfront übernommen und als Ferien- und Urlaubsquartier weiter betrieben.

Mit dem Beginn des Zweiten Weltkriegs im September 1939 stand das Hotel wie alle anderen Unterkünfte leer, bis es erneut eine militärische Nutzung gab, zuletzt unmittelbar nach Kriegsende als Lazarett für verwundete deutsche Soldaten. Im Juli 1945 ließ die britische Militärregierung das Lazarett räumen und stellte es zum Jahresende den jüdischen Hilfsorganisationen als Unterkunft für die Familien aus Danzig zur Verfügung.

Später – nach der Umsiedlung der Familien aus Danzig – ließ die Deutsche Angestellten-Gewerkschaft das Gebäude gründlich renovieren und eröffnete das Kurhaus Mitte der 1950er Jahre erneut als Erholungsheim für ihre Mitglieder. Doch führten die wachsenden Komfortansprüche im Tourismus bald zu neuen Überlegungen, anstelle des alten Gebäudes eine moderne Anlage mit Ferienwohnungen zu errichten. Mit diesen Plänen waren allerdings Gemeinde und Kreis nicht einverstanden, so dass sich die DAG zum Verkauf des Kurhauses und des daneben liegenden Hauses „Sonnenschein" an die Gemeinde Wittdün entschloss. Diese ließ 1974 das Kurhaus abreißen, um den Bau eines Sanatoriums zu ermöglichen. Der Plan zerschlug sich jedoch, und so begann 1982 eine neue Bebauung der brach liegenden Südspitze mit den jetzigen Wohnhäusern für Einheimische und Feriengäste.

Bebauung der Südspitze bis Anfang der 1970er Jahre. Wittdün auf Amrum aus der Luft gesehen, Ansichtskarte ohne Jahr.

Luftamt Hamburg

3. Jüdische Gemeinschaft im Kurhaus 1945 – 1947

Eine „Schicksals- und Notgemeinschaft" nannte Hildegard Hohl-feldt die Gruppe von annähernd 200 Flüchtlingen im Kurhaus. Als damals junge Erwachsene konnte sie die starken sozialen Unter-schiede zwischen den Familien und Familienverbänden sicher sehr genau wahrnehmen. „Mit Leuten wie Galaus hätten wir in Danzig überhaupt nicht verkehrt", so präzisierte sie ihre Feststellung. Es lässt sich rückblickend nicht mehr feststellen, inwieweit sich die einzelnen Familien bereits in Danzig oder Zoppot gekannt haben, am ehesten wohl die jüdischen Familienmitglieder, sofern sie Kontakte zu den jüdischen Gemeinden gehabt hatten, auch schulpflichtige Kinder könnten sich in der von Klaus Hirschberg beschriebenen Schule für „Misfits" begegnet sein, nachdem sie ihre bisherigen Schulen hatten verlassen müssen. Vermutlich jedoch einte alle Menschen im Kurhaus lediglich das gemeinsame Verfolgungsschicksal als „nicht arisch Versippte", und sie lernten einander erst kennen, als manche ihre Wohnungen verlassen mussten und in Sammelunterkünften unter-gebracht wurden, oder tatsächlich erst, als die jüdischen Hilfsorgani-sationen nach Kriegsende mit ihrer Anlaufstelle in Danzig-Langfuhr Hilfe boten und den Transport aus Danzig nach Deutschland organi-sierten. Julius Herz und seine Kinder hatten vor Beginn des Trans-portes nach der Erinnerung seines Sohnes Alfred niemanden aus den anderen Familien gekannt.

Klaus Hirschberg kam, wie er beschrieben hat, mit seiner nicht jüdischen Mutter, der Schwester seines jüdischen Vaters und einer weiteren Tante, der Frau des Bruders seiner Mutter, auf die Insel. Ingeborg Meyer kam mit ihrer Schwester Brigitte und der (nicht jüdischen) Mutter Ella nach Amrum; ihre beiden Brüder blieben in Flensburg. Zum Teil waren große Familienverbände dabei wie etwa die drei Geschwister Hermann Feibel (Jg.1895), Paula Galau, geborene Feibel (Jg. 1906) und Dora Jurczik (Jg.1912) mit sämtlichen Angehö-rigen.

3.1. Betreuung durch die Jewish Relief Units 1945/46

Zuständig für die Unterbringung der Familien aus Danzig auf Amrum, ihre Versorgung und Betreuung im Kurhaus waren die jüdischen Hilfsorganisationen Joint und Jewish Relief Units, die in der britischen Besatzungszone tätig waren, erwachsen aus dem 1943 in London gegründeten Jewish Committee for Relief Abroad (JCRA). Verglichen mit dem Joint, dem American Jewish Joint Distri-bution Committee, das bereits seit dem Ersten Weltkrieg bestand, hatten die Relief Units ein geringeres Finanzbudget und weniger erfahrene und qualifizierte Mitarbeiter. Unter der Leitung von Lady Rose Henriques und Leonard Cohen in London arbeitete in militäri-scher Struktur ein kleiner Stab Professioneller mit vielen engagierten jungen Freiwilligen. Das Hauptquartier war zunächst in Celle, ab Mitte 1945 in Eilshausen.

[50] Vgl. Jochims-Bozic, a.a.O., Seite 112 / 113

Für 1946 wird eine Zahl von zunächst 68, später 92 Mitarbeiterinnen und Mitarbeitern angegeben, die dafür zuständig waren, sich schwerpunktmäßig in Bergen-Belsen und darüber hinaus in der gesamten britischen Besatzungszone um Tausende jüdischer Menschen zu kümmern, vor allem um „displaced persons", aber auch mit anderem Status, so wie die Familien auf Amrum, die auf ihrem Weg von Danzig nach Flensburg in den riesigen Strom aller auf der Flucht Befindlichen gekommen waren.[50] Schleswig-Holstein stand in den letzten Monaten des Krieges und noch mehr nach Kriegsende vor der Aufgabe, eine Vielzahl zusätzlicher Bewohner und Bewohnerinnen unterbringen zu müssen, in den zerstörten Städten wie Flensburg ein unlösbares Problem. In den Seebädern und Kurorten mit ihren Hotels und Pensionen konnten viele Menschen einquartiert werden, vorausgesetzt, diese Einrichtungen waren nicht noch anderweitig belegt. Das Kurhaus auf Amrum, zuletzt als Lazarett genutzt, wurde wie gesagt von der Militärregierung geräumt und als Quartier für die in Flensburg gestrandeten jüdischen Familien aus Danzig zur Verfügung gestellt.

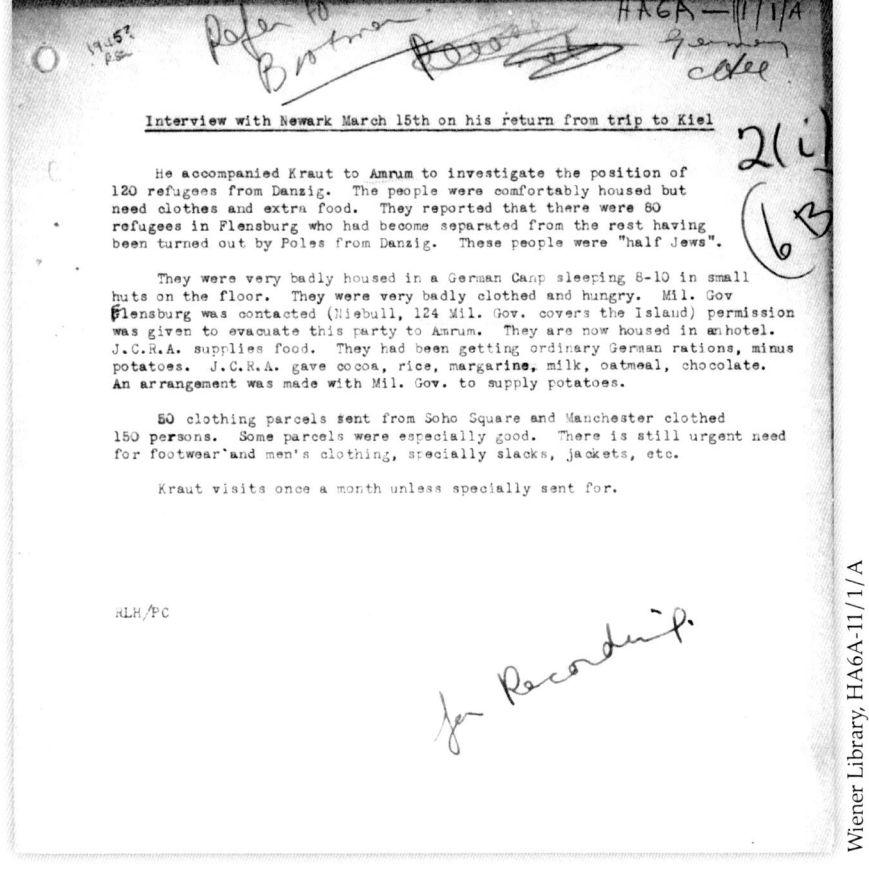

Frühester Bericht vom 18.3.1946 über die Situation im Kurhaus Januar 1946

Den frühesten Bericht über die Geschehnisse im Kurhaus auf Amrum gab Albert Newark nach seiner Rückkehr aus Kiel am 18. März 1946 in London ab.[51] Als übergeordneter „Personal Officer" hatte er Anfang des Jahres 1946 den für die Region zuständigen Offizier Alexander Kraut[52] nach Amrum begleitet und sich ein Bild von der Lage der 120 Menschen aus Danzig im Kurhaus gemacht: „The people are comfortly housed but need clothes and extra food. They reported that there were 80 refugees in Flensburg who had become separated from the rest having been turned out by the Poles from Danzig. These people were „half Jews".

120 Menschen befanden sich also bereits im Kurhaus auf Amrum, waren „komfortabel untergebracht", aber dringend mit Kleidung und zusätzlicher Nahrung zu versorgen. Über die Gründe, warum weitere 80 Menschen in Flensburg zurück geblieben waren, macht der kurze Bericht keine Angaben. Weiter heißt es, diese „Halbjuden" seien in Flensburg sehr schlecht untergebracht in einem deutschen Lager, wo sie in kleinen Hütten zu acht bis zehnt auf dem Boden schlafen müssten. Sie seien völlig unzureichend gekleidet und litten Hunger. Die zuständigen Stellen der Militärregierung in Flensburg und Niebüll hätten die Erlaubnis erteilt, auch diese Gruppe nach Amrum zu bringen, wo sie nun ebenfalls im Hotel untergebracht und zusätzlich zu den deutschen Essensrationen Nahrungsmittel vom J.C.R.A. erhalten würden.

Newarks Bericht gibt als Gesamtzahl nahezu 200 im Kurhaus untergebrachte Menschen an, was mit der Zahl aller Namen aus den unterschiedlichsten Quellen übereinstimmt. Alle in späteren Statistiken auftauchenden wesentlich geringeren Zahlen beziehen sich ausschließlich auf diejenigen, die als „Juden" galten.[53]

Alexander Kraut berichtete als zuständiger jüdischer Offizier seinem Vorgesetzten Henry Lunzer ausführlich über die Durchführung der Evakuierung dieser zweiten Gruppe von Flensburg nach Amrum.[54] Er war am 11. Februar 1946 mit seinem Team aus Celle nach Schleswig-Holstein aufgebrochen. Erste Station war Kiel, wo Kraut dem „Welfare Officer" der Militärregierung umfassend über die Situation in Wittdün berichtete. „He gave me assurance of good will and help, and I am certain that Major Müller is a friend and I will ask him for help in all matters appertaining the island". Aus diesen Worten Krauts wird deutlich, dass es bei der Militärregierung keineswegs selbstverständlich war, Überlebenden des Holocaust vorrangig Hilfe zuteil werden zu lassen. Danach holte Kraut in Plön die Genehmigung des 8. Corps der Militärregierung für die geplante Evakuierung nach Amrum ein. Am 13. Februar 1946 kamen er und seine Begleiter in Flensburg an. Hier wurden alle notwendigen Vorbereitungen für den Transport auf dem Landweg und zu Wasser getroffen, der für den 16. Februar geplant war. Kraut fuhr mit seinem Team bereits am 14. Februar hinüber auf die Insel.

[51] Wiener Library. Rose Henriques Archives, HA 6A-11 / 1, Various JRU Workers Reports

[52] Alexander Kraut gab auf seinen Schreiben folgende Daten an: Jewish Relief Unit, UNRRA Team 111, 8th Corps, B.A.O.R. Neustadt.

[53] Siehe Zahlenangaben von Jochims-Bozic, a.a.O., S.257 / Vgl. Abschnitt 3.2. Wer ist Jude, wer nicht?

[54] Wiener Library, HA6B-3/12/3 Bericht vom 20. Februar 1946, Henry Lunzer, Field Director, Head Quarter, Jewish Relief Units, UNRRA 400

Luftaufnahme der Südspitze Ansichtskarte ohne Jahr, das Gebäude links ist das Kurhaus.

Das Jüdische Komitee[55] der Danziger Gruppe half, alle mitgebrachten Vorräte (50 Pakete mit Kleidung, 6 Kartons Margarine, 2 Kartons Trockenmilch, 3 Kartons Reis, 2 Kartons Kakao, 1 Karton Schokolade, 1 Karton medizinische Ausrüstung, 12 Kartons Handtücher)[56] in einem besonderen Raum des Kurhauses unterzubringen und dort für die Verteilung vorzubereiten.

Am 15. Februar fuhr Kraut zurück nach Flensburg. In Gesprächen mit dem Vorsitzenden des dortigen Jüdischen Komitees und einem Vertreter des Belsen-Komitees erfuhr er von ihren starken Vorbehalten gegenüber der Unterstützung von „Halbjuden" durch jüdische Hilfsorganisationen, was sicher keine Ermutigung für sein Vorhaben am nächsten Tag bedeutete. „The actual evacuation on the 16th was speedy and without incidents." Zügig und ohne Zwischenfälle kamen schließlich 61 Menschen[57] auf Amrum an, wobei der „motor transport" auf Lastwagen stattgefunden haben dürfte. Drei der Familien aus Danzig hatten sich entschieden, wegen kranker Angehöriger doch in Flensburg zu bleiben. Von Amrum fuhren zwei Personen mit Kraut zurück nach Flensburg, da sie auf dem Festland eher Arbeit zu finden hofften.[58]

Ein besonderes Lob sprach Alexander Kraut im Bericht seiner Mitarbeiterin Miss de Mesquits aus, die innerhalb der wenigen Tage im Kurhaus die Verteilung der mitgebrachten Hilfsgüter genau vorbereitet hatte, so dass diese am 17. Februar 1946 stattfinden konnte. Dabei hatte sich Kraut dafür entschieden, vor allem die großen Familien bevorzugt auszustatten. „...at the end only two full Jews rightly complained of not receiving clothes. I will rectify this on my next visit."

Zu den großen Familien gehörten vor allem Familie Hohlfeldt mit acht Personen, Familie Hönke mit neun Personen, Mönnichs mit acht Personen, Jurcziks mit sieben Personen und die Familie Herz mit ebenfalls sieben Personen.

[55] Wer zu diesem frühen Zeitpunkt zum Komitee gehörte, ließ sich nicht feststellen.

[56] Welche Größe diese Pakete und Kartons hatten, ist unklar.

[57] Diese Zahl übernimmt Jochims-Bozic in der Ortsaufstellung S.257 irrtümlich als Gesamtzahl.

[58] Wahrscheinlich handelte es sich dabei um den Bruder Willi Wendts und seine Frau. Kurt und Antonie Wendt blieben bis zu ihrer Auswanderung in die USA 1949 in Flensburg ansässig.

Alfred Herz, Fredy genannt, und seine Schwester Ilse kurz nach der Ankunft auf Amrum, 1946

Julius Herz war seit seiner Verhaftung und dem qualvollen Tod seiner Frau in Danzig ein „gebrochener Mann", wie es sein jüngster Sohn Alfred beschreibt. 1892 in Münster geboren, war er bei der Ankunft auf Amrum 53 Jahre alt. Er gab an, Mitglied der jüdischen Gemeinde in Danzig gewesen zu sein. Innerhalb der Gemeinschaft des Kurhauses genoss er nach der Erinnerung seines Sohnes Alfred hohes Ansehen. Viele der anderen Erwachsenen hätten sich an ihm und seinen Entscheidungen orientiert. Mit dem Vater waren sechs der sieben Kinder nach Wittdün gekommen, Erna (Jg. 1926), Robert (Jg. 1927), Gerda (Jg. 1929), Helga (Jg. 1931), Ilse (Jg. 1934) und Alfred (Jg. 1935). Die Familie konnte im zweiten Stock des Kurhauses ein gemeinsames Zimmer beziehen. Der älteste Sohn Werner (Jg. 1924) folgte nach seiner Entlassung aus der Wehrmacht und übernahm gegenüber den jüngeren Geschwistern eine verantwortliche Vaterrolle. Ein Freund des Vaters, Paul Senger, von den Kindern „Onkel Paul" genannt, kam nach seiner Entlassung von der Marine ebenfalls nach Amrum und lebte mit der Familie Herz im Kurhaus.

Julius Herz mit seinen Kindern Werner, Ilse, Alfred und Erna vor dem Kurhaus, 1947 oder 1948

Bei der Ankunft der zweiten Gruppe im Kurhaus machte Alexander Kraut ihnen „in seinem besten Deutsch" klar, dass in der bestehenden Situation auf Amrum Disziplin gewahrt werden müsse und den Anweisungen des Jüdischen Komitees im Kurhaus Folge zu leisten sei. Ein Vertreter der neu Hinzugekommenen wurde mit in das Komitee gewählt.

Tags darauf, am 18. Februar 1946, erhielt die Insel überraschend Besuch vom neuen leitenden Offizier der örtlichen Militärregierung. Kraut beschrieb in seinem Bericht den „Lit. Col.": „He appears to be a very earnest man, and he addresses the inhabitants of the Kurhaus; he promised to do everything he possibly could, and he asked me to tell how urgent is the need for religious instruction. He is taking up the matter with head quarter and you will hear about it eventually."

Die Antwort Alexander Krauts dürfte die Angelegenheit als höchst dringlich bezeichnet haben, wie aus seinem persönlichen Brief an Leonard Cohen hervorgeht, den er wenige Tage nach dem Transport der zweiten Gruppe nach Amrum schrieb.[59] Er beschrieb die beiden unterschiedlichen Wege, Hilfe zu organisieren. Einer sei es, lediglich Lebensmittel, Kleidung und andere Hilfsgüter zu verteilen und sich darüber hinaus keine weiteren Gedanken zu machen. Der andere Weg aber bedeute, genauer hinzusehen. Die zu betreuenden Menschen seien durch ihre traumatischen Erfahrungen in vielerlei Hinsicht völlig haltlos geworden und hätten moralische und religiöse Maßstäbe verloren. Der Name UNRRA verspreche Rehabilitation, aber in der bestehenden Praxis werde genau dies völlig missachtet. „Aber wir Juden können und dürfen diese Seite unserer Hilfsarbeit nicht außer Acht lassen. Leonard, ich bitte Sie, machen Sie sich an die Arbeit und kämpfen Sie dafür! Wir brauchen ausgebildete Männer und Frauen mit einem Sendungsbewusstsein." Mit einem „Sword of the Jewish Spirit" sollte die Hilfe geleistet werden, wobei es am wichtigsten sei, den Menschen in den Unterkünften Beschäftigung und Arbeit zu verschaffen.

Schien auf Amrum bei der Abreise Krauts zunächst einmal alles geregelt, so erfuhr er doch gleich nach seiner Rückkehr nach Flensburg von einem neuen Problem. Die Bewohner und Bewohnerinnen des Kurhauses hätten auf der Insel für ihren Unterhalt zu zahlen. Seine Nachfrage ergab, dass die Gemeinde Wittdün tatsächlich pro Kopf monatlich 20 Reichsmark für Verpflegung und Heizmaterial erhob. Bis dafür auf offiziellem Wege eine Lösung gefunden würde, bat Kraut seine Vorgesetzten um unbürokratische Übernahme dieser Kosten durch die JRU.[60]

Mit seiner Einschätzung der Funktion jüdischer Hilfe schien Kraut im JRU nicht allein geblieben zu sein; in weiteren Berichten über die Situation in Wittdün spiegeln sich seine Forderungen durchaus. In den Berichten der Sozialarbeiterin Bertha Weingreen vom 25. August und 23. September 1946 heißt es sinngemäß: 23 Kinder, deren Eltern Danziger Juden sind, gibt es auf Amrum, und sie besuchen die örtliche deutsche Schule. Die Eltern sind damit unzufrieden, aber wir können keinen Lehrer schicken, wie sie es sich wünschen. Die Eltern wünschen sich einen Hebräischlehrer und einen Geistlichen, aber auch

[59] Wiener Library, HA6B-3/12 Neustadt, Brief von Alexander Kraut an Leonard Cohen vom 24.2.1946

[60] Anhand der untersuchten Quellen ließ sich nicht feststellen, wie diese Frage längerfristig gelöst wurde.

dafür ist der Weg nach Amrum zu weit. Die Militärregierung würde es begrüßen, einen Sozialarbeiter für die 46 Leute dort zu haben, vor allem um sie zu beschäftigen. Sie werden von Mr. Alex Kraut, dem Area Representative der JRU, einmal im Monat aufgesucht.[61]

[61] Wiener Library, HA7/1-2/1

Alexander Kraut blieb bis zum November 1946 als ständiger Vertreter der JRU für Schleswig-Holstein in Neustadt, zusammen mit Pearl Rosenblum, der nach Krauts Rückkehr nach Celle noch ein weiteres halbes Jahr die Arbeit fortsetzte, nun zusammen mit Ena Kenner. Ab Februar 1947 war sie allein zuständig, und nach ihr Yvette Grünberg, die bis März 1948 vor Ort in Neustadt blieb. Danach gab es keinen ständigen Vertreter der JRU mehr in Schleswig-Holstein. Zuständig für die Betreuung der jüdischen Gemeinschaft in Wittdün war in erster Linie die Jüdische Wohlfahrt in Kiel, wo sich der überlebende Kieler Heinz Salomon für alle Belange einsetzte und die Kontakte zur Jewish Relief Unit und allen anderen Stellen herstellte.

3.2. Wer ist Jude, wer nicht?

Von Anfang an bemühten sich die jüdischen Stellen um eine genaue Überprüfung, welche der Menschen im Kurhaus tatsächlich als Juden anzusehen und zu unterstützen seien. Auffällig ist dabei, dass dabei in den Papieren teilweise weiter die NS-Terminologie Verwendung fand, so auch in einem Brief, den Heinz Salomon (Jüdische Wohlfahrt Kiel) im Mai 1947 an Lady Rose Henriques in London schrieb: „Liebe Miss Henriques, Ihr Schreiben vom 21.4. ds. Js. gelangte in meinen Besitz und kann ich Ihnen versichern, daß alle an mich über Miss Ena Kenner weitergeleiteten Pakete sofort nach Amrum gehen. Zur Zeit habe ich wieder zwei Pakete und einen Kleidersack hier, die bei der nächsten Joint-Zuteilung mit nach Amrum gesandt werden. ... Zur Zeit betreue ich in Amrum 22 Erwachsene und 22 Kinder. Die Verhältnisse sind durch den harten Winter nicht die besten. Vor allen Dingen mangelt es an Kleidungsstücken. Ich habe mich dieserhalb bereits an Eilshausen gewandt und rechne mit einer baldigen Sendung. Abgesehen hiervon besteht die Absicht, in allernächster Zeit dort einen Besuch zu machen, zusammen mit Mr. Kraut, Dr. Helfgott[62], Norbert Wollheim[63] und mir. Dieser Besuch ist von äußerster Wichtigkeit, um endlich einmal genau festzustellen, wer Jude ist und wer nicht. Das eine kann heute schon gesagt werden: Alle Menschen, die dort sind, leben in privilegierter Mischehe, d.h. ein Partner ist Arier, und durch die Kinder war das Tragen des Davidsterns nicht erforderlich. Ebenso sind alle diese Menschen bis zuletzt im Besitz der vollen Lebensmittelkarten gewesen und waren nicht inhaftiert. Auf Grund des Einzugs der Russen haben sie Danzig verlassen. – Richtig ist, dass in Amrum kaum Verdienstmöglichkeiten sind und die Menschen auf Hilfe rechnen. Nach unserem Besuch werde ich Ihnen einen ausführlichen Bericht über Amrum zugehen lassen. Ich hoffe, Ihnen gedient zu haben und bin mit besten Grüßen Ihr Heinz Salomon", Jewish Welfare, Kiel.[64]

[62] Rabbiner Dr. Helfgott, Hamburg

[63] Norbert Wollheim, Auschwitz-Überlebender und zu diesem Zeitpunkt Vorsitzender der Jüdischen Gemeinde zu Lübeck

[64] Wiener Library, HA7/1-2/3

[65] Jude / Jüdin ist jemand, der von einer jüdischen Mutter abstammt oder nach den religiösen Gesetzen zum Judentum übergetreten ist. Vgl. u. a. Brumlik und Gradwohl, a.a.O.

[66] Sieben Männer werden in der Liste „Joint Betreuung" namentlich aufgeführt: Heinrich Borchheim (Jg. 1893), Hermann Segall (Jg. 1894), Hermann Feibel (Jg. 1895) und dessen älterer Sohn Georg (Jg. 1927), Willi Wendt (Jg. 1904), Herbert Bäcker (Jg. 1895) und Julius Herz (Jg. 1892). Es fällt auf, dass Willi Wendt, der Vorsitzende der Jüdischen Gemeinschaft in Wittdün, der mit Abstand jüngste der jüdischen Männer gewesen ist. Von den Frauen galten die folgenden elf als jüdisch: Sara Strehlke, Rosa Sukkau, Cäcilie Hönke, Hilde Mönnichs (Jg.1892), Ruth Mönnichs (Jg. 1908), Paula Galau (Jg. 1906), Dora Jurczik (Jg. 1912), Perla Semmelroth, Betty Klein, Gertrud Gnoss (Jg. 1905) und Helene Lauterwald (Jg. 1926). Weitere fünf nicht-jüdische Frauen werden aufgeführt, die ebenfalls vom Joint betreut wurden: Betty Klaffke (Jg.1906), Herta Hohlfeldt (Jg. 1897), Margot Jeschke, Ella Meyer und Charlotte Patock (Jg. 1907).

In ihrer Antwort kündigte Rose L. Henriques an, dass sie sich um zusätzliche Hilfen bemühen und weitere Kleidung nach Amrum schicken lassen wolle. Der angekündigte ausführliche Bericht Heinz Salomons blieb allerdings aus; offenbar hatte auch die genaue Überprüfung durch die Delegation mit dem Rabbiner wenig Neues gebracht.[65]

Die neu zusammengestellte Liste enthält die Namen von 23 Erwachsenen und 20 Kindern der Jüdischen Gemeinschaft Wittdün / Amrum, die nach dem Besuch weiter vom Joint betreut wurden. Vorher waren es 22 Erwachsene und 22 Kinder.[66]

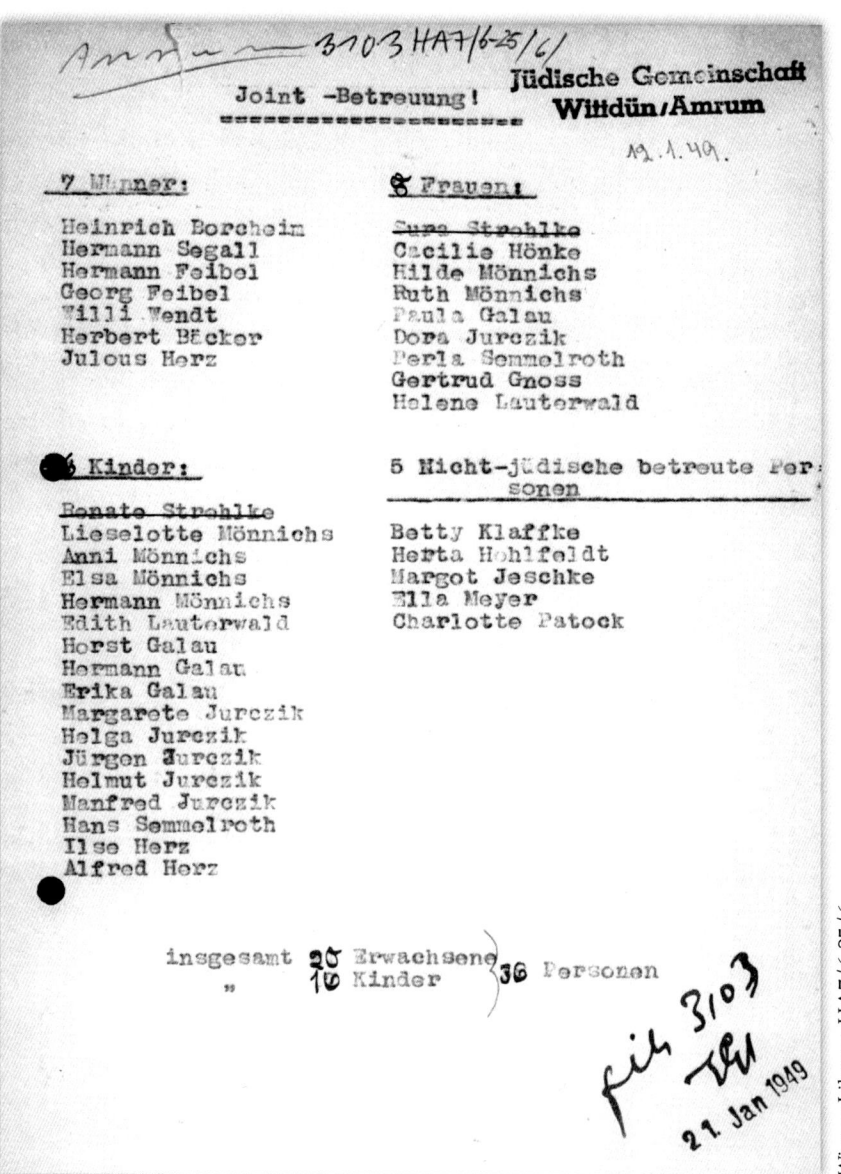

Spätere Liste der vom Joint Betreuten im Kurhaus, 12.1.1949

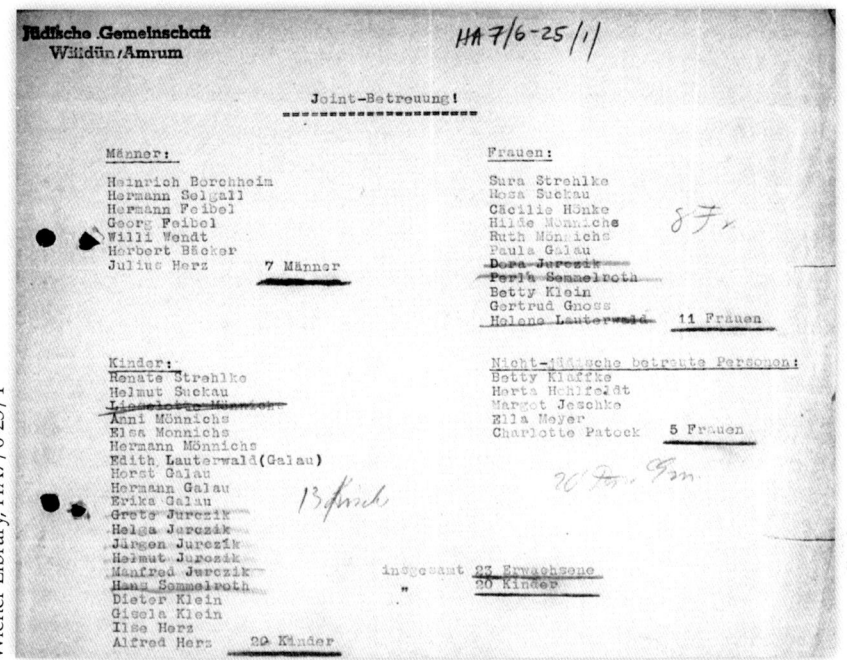

Eine spätere Übersicht des Central Jewish Committee vom 1.11.1948 bezeichnet die Friseuse Margot Jeschke (Jg.1912) als „konfessionslose Sternträgerin" und führt Ella Meyer (Jg. 1912) als „Witwe von jüdischen KZ-Leuten".

Herta Hohlfeldt wurde als Tochter einer Jüdin anerkannt, was auch für Charlotte Patock und Betty Klaffke zutreffen dürfte. Zu diesen insgesamt 23 Erwachsenen wurden 20 jüdische Kinder aufgeführt: fünf Kinder der Familie Jurczik: Grete (Jg. 1934), Helga (Jg. 1936), Jürgen (Jg. 1940), Helmut (Jg. 1942) und der gerade in Wittdün geborene kleine Manfred (Jg. 1947); vier Kinder der Familie Mönnichs: Lieselotte (Jg. 1931), Hermann (Jg. 1937), Anni (Jg. 1934), Elsa (Jg. 1935); drei Kinder der Familie Galau: Horst (Jg. 1937), Hermann (Jg. 1938), Erika (Jg. 1940), zwei Kinder der Familie Herz: Ilse Herz (Jg. 1934) und Alfred Herz (Jg. 1935), zwei Kinder der Familie Klein: Dieter und Gisela sowie des weiteren Helmut Sukkau, Hans Semmelroth (Jg. 1932), Edith Lauterwald (Jg. 1931) und Renate Strehlke, die am 6. Februar 1945 in Danzig zur Welt gekommen war.

Alle anderen Familien und Angehörigen der aufgeführten Familien wurden demnach nicht als Juden betrachtet und nicht in den Kreis aufgenommen, die vom Joint und den anderen jüdischen Hilfsorganisationen direkte Unterstützung erhielten. Geht man von etwa 200 Menschen im Kurhaus (Anfang 1946) aus, so bekam also nur etwa ein Viertel dieser Menschen Hilfen vom Joint. Die anderen Angehörigen der Familien galt es, davon mit zu versorgen. Das Motorboot mit den Rationen des Joint kam einmal im Monat vom Festland aus auf die Insel, jeweils sehnsüchtig von den Menschen im Kurhaus erwartet. „Es war jedes Mal ein großes Ereignis, wenn das monatliche Motorboot ankam, dann stürmte das ganze Kurhaus zum Anleger, um die Sendung auszuladen und zur Verteilung ins Haus zu bringen. Anschließend wurde dann alles an die Familien gleichmäßig verteilt", so erinnert sich Alfred Herz. Einmal allerdings hätten sich einige Jugendliche einen Scherz erlaubt und mit einer Verlosung der Hilfsgüter große Aufregung verursacht.

Blick vom Kurhaus zum Hafen Foto ohne Jahr

45

Ein schlechter Scherz[67]

[67] Diese Erzählung beruht auf Erinnerungen von Alfred Herz.

„Los, lass uns abhauen! Günter, komm schnell! Gleich hinter der Tür!" zischte Fredy seinem Freund zu, als sie hinter den Männern des Komitees und den großen Jugendlichen aus dem Haus gingen, und blitzartig verschwanden die beiden Zwölfjährigen hinter der Ecke des Kurhauses und rannten den schmalen Pfad durch die Dünen hinunter zur Wandelbahn. Erst dort blickten sie zurück und sahen, dass ihnen niemand gefolgt war. Sie lachten und liefen dann weiter zu ihrem Lieblingsplatz bei Köhns Übergang. Dort war der Treffpunkt von Old Shatterhand und Winnetou. Sie würden mit den anderen Indianern aus Wittdün einen spannenden Nachmittag verbringen.

Sollten doch die großen Jungen allein die Strafarbeit machen, die sich die Erwachsenen überlegt hatten, um alle Beteiligten spüren zu lassen, dass sie zu weit gegangen waren und etwas wieder gut zu machen hätten.

Dabei war es ein Riesenspaß gewesen! Wer die Idee gehabt hatte, das wusste Fredy nicht. Alle im Kurhaus warteten seit Tagen sehnsüchtig darauf, dass heute morgen das Motorboot vom Festland herüber kommen sollte mit den monatlichen Rationen vom Joint. Genau festgelegt war, wer die Lebensmittel und anderen Hilfsgüter erhielt. Im Vorratsraum des Komitees würde wie jedes Mal alles ausgepackt, sortiert und später verteilt werden.

Doch heute morgen hatte Fredy einige der großen Jungen an der Treppe stehen sehen. Sie hielten Mützen in den Händen, gefüllt mit kleinen gefalteten Zetteln. *„Diesmal sollen die Sachen verlost werden"*, sagte Klaus, *„und ihr müsst helfen, die Lose jetzt zu verteilen."*

Schon war Fredy unterwegs im oberen Stockwerk. Er klopfte an die Zimmertüren und ließ die anwesenden Erwachsenen und Kinder ihre Lose ziehen. Während die Zahl der Zettelchen in der Mütze kleiner wurde, wuchs die Unruhe auf den Fluren. *„Was hast du gezogen?"* hörte Fredy jemanden fragen. *„Das ist ja schön, ich kriege Knöpfe!"* Einer der Männer monierte: *„Ich brauche keinen Kamm bei meiner Glatze."*

Ein letztes Los lag noch in Fredys Mütze, als eine Zimmertür aufflog und eine alte Frau wütend rief: *„Was soll dieser Unfug? Ich will was zu essen haben und keinen BH!"* Ihre Tochter versuchte sie zu beruhigen: *„Du kannst doch sicher tauschen. Warte doch erst mal ab!"* Doch nun wurde die Empörung überall so laut, dass sich die Bürotür des Komitees eilig öffnete und sowohl der Leiter Herr Wendt als auch sein Stellvertreter Herr Bäcker heraus traten. *„Was ist denn hier los?"* rief Wendt. Aufgeregt antworteten alle gleichzeitig, so dass er erst einmal für Ruhe sorgte und dann eine junge Frau erklären ließ.

„Wir haben das nicht angeordnet", sagte der Leiter der Gemeinschaft im Kurhaus schließlich, *„da muss sich wohl jemand einen Scherz erlaubt haben. Wer hat denn die Zettel verteilt?"* Schnell wurden mehrere Namen genannt, Fredys natürlich auch.

Er stand oben am Treppengeländer, hatte die Mütze unter der Jacke verschwinden lassen und lächelte verlegen. Erneut bat Wendt um Ruhe und erklärte dann: „Die Verteilung wird so wie immer laufen. Gleich kommt das Boot, und wir bringen alles in den Vorratsraum. Heute Nachmittag bekommt ihr eure Rationen, wie jedes Mal! Aber gebt mir jetzt die Lose! An der Schrift können wir vielleicht erkennen, wer sie geschrieben hat. Das Komitee wird die Urheber und alle Beteiligten bestrafen."

Fredy war das Lachen vergangen. Sein Name war genannt, er würde also auf jeden Fall mit bestraft werden, und sicher würde ihn sein ältester Bruder zusätzlich ins Gebet nehmen, und sein Vater würde ihn traurig ansehen. Langsam legte sich die Aufregung im Haus. Die meisten verschwanden in ihren Zimmern, und eine Gruppe von Männern ging hinunter zum Anleger, um das Boot in Empfang zu nehmen. Fredy beschloss, sich auch erst einmal in das Zimmer seiner Familie zu verziehen. Kommt Zeit, kommt Rat, dachte er.

Alfred Herz, genannt Fredy, vor dem Kurhaus 1947 oder 1948

Aber es dauerte nicht lange, bis es an der Tür klopfte und Herr Bäcker ihn aufforderte, mit ins Büro zu kommen. Sehr ernst war Herr Wendt, als er den versammelten Jugendlichen und Kindern die Leviten las. Sie wüssten doch selbst genau, wie wichtig die Hilfslieferungen zur Linderung ihrer Not seien. Sie hätten alle in große Aufregung versetzt und den älteren Menschen Angst gemacht.

Fredy hörte nicht mehr zu. Das habe er nicht gewollt, er hätte doch gar nicht gewusst, dass es ein Scherz sein sollte, wollte er sagen, doch schon verkündete Herr Wendt die Strafe. Alle zusammen sollten sie jetzt sofort die große Veranda sauber machen, die sich an drei Seiten um das Kurhaus zog. Igitt, die „Tretminen", zuckte Fredy zusammen und sah das Entsetzen der anderen. Die große Veranda war der Treffpunkt von vielen jungen Leuten, und in den dunklen Ecken zur Hafen- und Strandseite hatte in den letzten Monaten so mancher seine Geschäfte verrichtet, vor allem wenn die Toiletten im Kurhaus mal wieder verstopft waren.

„So, jetzt kommt ihr alle mit!" Herr Wendt ging voran, und alle folgten. Fredy hatte eine rettende Idee ...

Allmählich begann es schon zu dämmern. Old Shatterhand und sein Freund hatten Hunger, und die anderen Kinder waren bereits nach Hause gegangen. Die Reinigungsaktion dürfte inzwischen längst abgeschlossen sein. Fredy und Günter machten sich auf den Heimweg.
Doch vor dem Kurhaus wurden sie von genau denselben großen Jungen, die sie am Morgen mit den Losen losgeschickt hatten, in Empfang genommen. „Wir haben euch noch was übrig gelassen," grinsten sie. In der sauber gefegten und gewischten Veranda lagen zwei „Tretminen", ein Häufchen für Fredy und eines für Günter.

Nordseebad Wittdün a. Amrum   Kurhaus

Kurhaus im Nordseebad Wittdün auf Amrum

3.3. Selbstverwaltung im Kurhaus

Im einstigen Nobelhotel Wittdüns war die Gemeinschaft der Familien aus Danzig weitgehend auf sich allein gestellt und musste ihr Alltagsleben meistern. In den ersten Monaten wurde für alle gemeinsam gekocht; dies galt es ebenso zu organisieren wie die gerechte Verteilung der knappen Vorräte und der Mahlzeiten. Die Zimmer im Kurhaus mussten dringend mit Heizmöglichkeiten versehen werden: Brennhexen wurden herangeschafft, und es wurde für die Belüftung aus den Fenstern durch ein Blechrohr gesorgt. Weiterhin galt es, notwendige Anträge beim Bürgermeister zu stellen. War es möglich, durch den Sonderhilfsausschuss als NS-verfolgt anerkannt, Sonderbetreuung zu erhalten? Gab es die Möglichkeit, Arbeitslosenunterstützung zu erhalten? Oder blieb nur die Flüchtlingsunterstützung?

An der Selbstverwaltung im Kurhaus waren sicher viele aktiv beteiligt, vor allem aber die gewählten Vertreter des Komitees Willy Wendt und Herbert Bäcker. Heinz Jurczik war Vorsitzender der Schlichtungsstelle.[68] Nach den Erinnerungen von Ingeborg Meurer, geborene Meyer, und auch anderer war es im wesentlichen ein friedliches Miteinander. Allerdings konnten Konflikte kaum ausbleiben, und so erinnert Alfred Herz einige heftige, handgreiflich werdende Streitigkeiten zwischen bestimmten Frauen. Allein die ungleiche Behandlung als jüdisch bzw. nicht jüdisch dürfte bisweilen Zündstoff in das Zusammenleben gebracht haben. Alfred Hohlfeldt, der als Fünfjähriger nach Amrum gekommen war und nur über wenige Erinnerungen berichten kann, hat noch deutlich vor Augen, wie sich seine Mutter wegen ihrer Anerkennung durch die jüdischen Organisationen erheblicher Anfeindungen im Kurhaus ausgesetzt sah, denen erst deutliche Worte des Vorsitzenden Willi Wendt ein Ende bereiteten. Dabei wies Wendt darauf hin, dass Hertha Hohlfeldt zwei ihrer Söhne nach Palästina hatte gehen lassen.

[68] Kreisarchiv, Bestand Wittdün, D21/6

Familie Hohlfeldt

Hertha Hohlfeldt war mit sieben ihrer insgesamt neun Kinder auf der Insel. Ihre Mutter war Jüdin gewesen, hatte eine der jüdischen Gemeinden Danzigs mitbegründet. Ihr Mann hatte seine Position als Beamter im Sozialamt von Danzig verloren, weil er mit ihr als „Halbjüdin" verheiratet war und sich geweigert hatte, in eine Scheidung einzuwilligen. Da er Mitglied der NSDAP geworden war, ließ man ihn als Boten weiter im Dienst. Später wurde er als Soldat eingezogen. Als die Rote Armee Danzig besetzte, hatte Hertha Hohlfeldt (Jahrgang 1897) gerade die Nachricht erhalten, dass ihr Mann gefallen sei. Ihre beiden ältesten Söhne Horst (Jg. 1921) und Hans (Jg. 1926) waren ebenfalls Soldaten, hier hatte es keine Rolle gespielt, dass sie nicht als „Arier", sondern als „Vierteljuden" galten. Mit ihren drei Töchtern und den vier jüngeren Söhnen verließ Hertha Hohlfeldt fluchtartig das Zuhause in der Stadt, als die russischen Besatzer begannen, Häuser in Brand zu setzen. In Zoppot kamen sie bei einem Bruder des Vaters unter. Hildegard (Jg. 1928), Margarethe (Jg. 1923) und Irmgard (Jg. 1924) meldeten sich freiwillig zur Feldarbeit für die Russen, da so ein gewisser Schutz „vor den Polen" bestand.

Mit dem Transport von Danzig nach Westdeutschland gelangten acht Mitglieder der Familie Hohlfeldt nach Schleswig-Holstein. Im Kurhaus in Wittdün konnte die Familie mehrere Zimmer bewohnen: Die Mutter teilte sich eines mit dem jüngsten Sohn, dem „ungeplanten Nachzügler" Alfred (Jg. 1940); Hildegard bewohnte einen Raum mit ihrer Schwester Irmgard, die drei Brüder Heinz (Jg. 1930), Gerhard (Jg. 1931) und Rudi (Jg. 1936) waren in einem Raum untergebracht. Margarethe bewohnte später ein weiteres Zimmer mit ihrem Mann Wilhelm Wulff (Jg. 1917) und ihren beiden Kindern, die 1947 und 1948 geboren wurden.

Hildegard Hohlfeld mit Uschi Wendt und deren Mutter Charlotte Wendt, geborene Pieper, vor dem Kurhaus Foto ohne Jahr

Zu diesem Zeitpunkt hatten Heinz und Gerhard Hohlfeldt Amrum bereits wieder verlassen. Sie hatten sich entschieden, nach Palästina zu gehen, und kamen zur Vorbereitung nach Bergen-Belsen, wo sie Hebräisch lernten und eine landwirtschaftliche Ausbildung absolvierten. Ihren Weg nach Palästina beschreibt Hildegard Hohlfeldt als eine „Odyssee", die zunächst auf Zypern endete, bevor die beiden jungen Männer dann nach Palästina kamen und den neu gegründeten Staat Israel als Soldaten verteidigten.

Ihr älterer Bruder, der 1921 geborene Horst Hohlfeldt, kam 1946/47 aus Russland zurück und lebte später mit seiner Verlobten in Soest. Auch Hans, 1926 geboren, überlebte den Krieg und fand Arbeit und Unterkunft auf einem Bauernhof, irgendwo in Schleswig-Holstein.

Rudi und Alfred Hohlfeldt waren die beiden einzigen Schulkinder dieser Familie in der Amrumer Zeit. Hildegard hatte bereits in Danzig die Obersekunda des Lyzeums abgeschlossen und eine Banklehre anfangen können. Bis 1948 versah sie nun wie die Mutter und Schwestern Küchendienst im Kurhaus, wo in der großen Hotelküche die Verpflegung gemeinschaftlich organisiert wurde. Engen Kontakt hatte sie zur Familie Wendt. Sie half Uschi Wendt bei ihren Hausaufgaben und durfte längere Zeit das Büro des Lagerleiters als ihr Zimmer nutzen. Dabei lernte sie das Schreiben auf der Schreibmaschine.

1948 bekam Hildegard Hohlfeld eine Stelle als Küchenhilfe im Kinderheim Haus Sonnenschein, das von der Gewerkschaft betrieben wurde, und ihre Schwester Irmgard fand auf Föhr Arbeit in einem Hotel und zog auf die Nachbarinsel. Weitere zwei Jahre später nahm die Familie das Angebot an, in die französische Zone umzusiedeln, und fand nach erster Unterbringung im Lager Herten ihr Zuhause in Schopfheim. Hildegard Hohlfeldt konnte nun ihre Ausbildung fortsetzen und bekam später in der Sparkasse Lörrach eine lebenslange Anstellung bis zu ihrem Ruhestand.

Privatfoto Uschi Wendt

Menschen im Kurhaus ca. 1949 links: Willi und Charlotte Wendt mit Uschi (Wer die übrigen Personen waren, ließ sich nicht feststellen.)

Im Großen und Ganzen blieb die Gemeinschaft im Kurhaus vom Februar 1946 bis zum Beginn des Wegzugs ab 1949 konstant, aber gleichzeitig gab es ständige Veränderungen, wie auch die veröffentlichten Statistiken spiegeln. Familienangehörige kamen hinzu, für kurze Zeit oder ganz, einzelnen gelang es, die Insel zu verlassen und anderswo Fuß zu fassen, wofür eine Zuzugsgenehmigung erforderlich war, die wiederum den Nachweis einer Unterkunft und eines Arbeitsplatzes voraussetzte. Mehrere Kinder wurden geboren, und es gab zumindest einen Todesfall: Johanna Hoppe, geborene Koss, geboren am 29.6.1884 starb am 1.11.1950 im Alter von 66 Jahren, sie wurde auf dem Friedhof in Nebel bestattet.

3.4. Fehlende Perspektiven

In den ersten Monaten auf Amrum dürfte trotz aller immensen Schwierigkeiten bei den Beteiligten das Gefühl von Erleichterung vorherrschend gewesen sein, Erleichterung darüber, dass die Nazizeit mit ihren menschenverachtenden Gesetzen vorbei war, Erleichterung darüber, nach schrecklichen Kriegserfahrungen an einem ruhigen Ort in Sicherheit zu sein, Erleichterung auch darüber, als vormals Verfolgte eine gewisse Versorgung zu erhalten. Die alltägliche Realität auf der Insel ließ allerdings schnell andere Fragen auftauchen und mehr und mehr in den Vordergrund treten: Welche Perspektiven haben wir hier? Welche Möglichkeiten gibt es für die Erwachsenen, eine Arbeit zu finden, welche Chancen haben Kinder und Jugendliche?

Blick vom Kurhaus westwärts Foto ohne Jahr

Alfred Herz erinnert sich: „Für die Erwachsenen war es nicht leicht, es gab keine Arbeit. Wir lebten vom Stempelgeld[69] und von den Notstandsarbeiten, die hin und wieder auf der Wandelbahn durchgeführt werden mussten. Nach den Stürmen war die Strandpromenade vollkommen mit Sand zugeweht. Bevor die Badesaison begann, musste alles wieder sauber sein. Kipploren auf schmalen Schienen waren das wichtigste Arbeitsgerät, und die Männer waren wenigstens beschäftigt und lungerten nicht den ganzen Tag herum. Was haben die Männer sonst den ganzen Tag gemacht? Mein Vater z.B. spielte mit zwei älteren Herren jeden Tag Skat."

[69] Umgangssprachlich für Arbeitslosenunterstützung

[70] Kreisarchiv Nordfriesland, Bestand Gemeinde Wittdün, D21, 49

[71] Julius Herz war Kaufmann von Beruf. Als Jude aus seinem Beruf gedrängt, konnte er in Danzig nur eine niedrig qualifizierte Tätigkeit als Packer ausüben, möglicherweise zwangsweise. Dass Julius Herz in der Arbeitslosenstatistik von Wittdün mit der Berufsbezeichnung „Packer" aufgeführt wird, könnte an der Fragestellung nach der letzten Tätigkeit statt des Berufes gelegen haben.

[72] Die Ausführungen stützen sich vor allem auf die Beiträge in Kirschen auf der Elbe, a.a.O.

Das Verzeichnis der Arbeitslosen in Wittdün vom Juni 1946[70] umfasst insgesamt 86 Namen, davon 43 aus dem Kurhaus, d.h. die Hälfte der arbeitslos Gemeldeten gehörte zur Gemeinschaft im Kurhaus. Darunter waren sieben nicht mehr schulpflichtige Jugendliche ohne eine Berufsausbildung so wie Gerhard Hohlfeldt (Jg. 31), Helga Herz (Jg. 31) und Gerda Herz (Jg. 29). Aus den schon beschriebenen großen Familien meldeten sich jeweils mehrere Mitglieder arbeitslos: Neben Gerhard Hohlfeldt waren es seine älteren Schwestern Margarethe (Jg. 1922 Hausgehilfin), Hildegard (Jg. 1928 Sparkassenlehrling) und Irmgard (Jg. 1924 Verkäuferin). Julius Herz (Jg. 1892 Packer)[71] steht auf der Liste mit vier seiner Kinder: Helga und Gerda, Robert (Jg. 1927 Arbeiter), Erna (Jg. 1926 Arbeiterin).

Die Berufsbezeichnung Arbeiter / Arbeiterin findet sich auch bei einigen weiteren jüngeren Kurhäuslern. Bei den Frauen, die sich arbeitslos meldeten, gibt es neben der Angabe Hausfrau folgende Berufsangaben: Hausgehilfin, kaufmännische Angestellte, Büroangestellte, Buchhalterin und Verkäuferin. Bei den Männern aus dem Kurhaus werden genannt: Schlosser, Dreher, Maschinist, Bonbonkocher, Kaufmann, Apotheker, technischer Angestellter, Tischler, Kraftfahrer, Sattler, Tapezierer, Werkmeister, Bernstein-Drechslermeister, Arbeiter.

Aber ob mit oder ohne qualifizierte Ausbildung oder langer beruflicher Erfahrung: Eine Möglichkeit, in Wittdün oder den anderen Inselgemeinden Arbeit zu finden, war nahezu aussichtslos. Bei realistischer Betrachtung dürfte jedem schnell klar gewesen sein, dass eine Orientierung über die Insel hinaus notwendig war.

3.5. Auswanderung nach Palästina über Blankenese und Belsen[72]

So erstaunt es nicht, dass bei den jungen Leuten im Kurhaus die Möglichkeit, nach Palästina auszuwandern, auf großes Interesse stieß, war es doch die einzige Perspektive, die sich auftat. Die gebotene Chance, dort eine Zukunft zu haben, dürfte schwerer gewogen haben als alle Bedenken und Befürchtungen: Trennung von der Familie? Lebensbedingungen in Palästina? Zugehörigkeit zum Judentum? Vermutlich hatte in keiner der Familien im Kurhaus Judentum und Religion eine große Rolle gespielt, noch weniger dürfte es unter den Erwachsenen überzeugte Zionisten gegeben haben. Sicher fanden in den Familien im Kurhaus intensive Gespräche und auch Auseinandersetzungen statt.

Dies ist ein weiteres „besonderes Kapitel" in der Geschichte der Menschen im Kurhaus. Klaus Hirschberg erwähnt in seinen Erinnerungen seinen kurzen Aufenthalt in Blankenese. Er wusste seinen Vater in Palästina und sah die gemeinsame Zukunft der Familie dort. Seine Schulpflicht hatte er erfüllt, und er besuchte freiwillig den Unterricht ein weiteres Jahr. Für ihn war sofort klar, dass er sich in Blankenese auf das Leben in Eretz Israel vorbereiten und dann nach Palästina gehen würde. Die Mutter würde folgen.

Seiner Entscheidung folgte eine große Erschütterung: In Blankenese erfuhr er, dass sein Vater eine andere Frau geheiratet hatte, und kehrte umgehend zu seiner Mutter nach Amrum zurück. Für ihn war damit das Interesse an Palästina erloschen. Andere Jugendliche aus dem Kurhaus aber blieben bei ihrer Entscheidung und bereiteten sich in Blankenese bzw. Bergen-Belsen auf den Weg nach Palästina vor.

Im besetzten Deutschland waren seit Kriegsende verschiedene zionistische Organisationen aktiv, um den Juden, die Naziverbrechen und Krieg überlebt hatten, den Weg nach Eretz Israel, dem noch unter britischem Mandat stehenden Palästina, zu ermöglichen. Insbesondere galt ihr Interesse Kindern und Jugendlichen. In Blankenese war auf dem großen Anwesen der jüdischen Hamburger Familie Warburg auf dem Kösterberg von 1946 bis 1948 ein Kinderheim eingerichtet, in dem mehrere Hundert jüdische Kinder und Jugendliche, welche die NS-Verfolgung und die Konzentrationslager überlebt hatten, von 35 erwachsenen Betreuern und Betreuerinnen gepflegt und versorgt, unterrichtet, erzogen und ausgebildet wurden, bis sie nach Palästina auswandern konnten.

Die Unterbringung in Blankenese wurde finanziert von der 1943 in den USA gegründeten United Nations Relief and Rehabilitation Administration (UNRRA) und dem „Joint", dem American Jewish Joint Distribution Committee. 35 erwachsene Betreuer und Betreuerinnen kümmerten sich um die Kinder und Jugendlichen, darunter sechs Lehrkräfte, die für den Unterricht zuständig waren. Außerdem standen täglich zwei Stunden Arbeit im Garten, in der Küche oder in der Schneiderwerkstatt auf dem Tagesprogramm.[73]

„In Blankenese versuchte man uns wieder mit den Begriffen „Kind" und „Kindheit" zu verbinden. Ich weiß nicht wie, vielleicht einfach durch den natürlichen Selbsterhaltungstrieb, durchlebten wir eine Phase zwischen den Zeiten. Wir hatten verstanden, dass dieser Teil unseres Lebens abgeschlossen, zur Seite gelegt, verleugnet, verdrängt und vergessen werden muss. Es ist die Zeit der Dunkelheit, und es lohnt sich nicht, das Licht anzuknipsen, um zu sehen, was sich in dieser Höhle befindet. Wie verschließt man diese dämonische Höhle? Man schaut nach vorn in den Tag, in das Licht, in den Augenblick. Das wurde uns zuerst in Blankenese ermöglicht." So beschrieb eines der Mädchen viele Jahre später als ältere Frau bei einem Besuch in Blankenese ihre damaligen Erfahrungen, und einer der Jungen sagte knapp: „Irgendwann hörte ich auf zu weinen. Und dieses Irgendwann war in Blankenese." Voll Zuversicht und „mit strahlenden Augen" hätten sie den Weg nach Palästina angetreten.[74]

Die Jugendlichen, die von Amrum nach Blankenese kamen, dürften es bei ihrem Aufenthalt auf dem Kösterberg weitaus schwerer gehabt haben. Schon über ihre Aufnahme in das Kinderheim hatte es heftige Auseinandersetzungen gegeben. Ben-Gurion soll als Vorsitzender der Jewish Agency schließlich zusammen mit dem askenasischen Oberrabbiner von Jerusalem, Rabbiner Herzog, die Entscheidung getroffen haben, auch „Mischlingen" die Chance zur Entwicklung zu überzeugten Juden zu geben.[75]

[73] Unzer Sztyme, Jiddische Quellen zur Geschichte der jüdischen Gemeinden in der Britischen Zone 1945-1947, übersetzt und bearbeitet von Hildegard Harck, Kiel 2004, Seite 41/42

[74] Kirschen auf der Elbe, a.a.O., Seite 14/16

[75] Unzer Stimme, a.a.O., S.107 und 146: Beim 2. Kongress der „Sheerit Hapleta" (Hebr. „Rest der Geretteten") in der Britischen Zone im Juli 1947 wurde eine deutliche Abgrenzung zu den in Mischehe lebenden Juden vorgenommen. Ein Vertreter der Gemeinschaft im Kurhaus Wittdün hatte als einer von 185 Delegierten teilgenommen.

Einer der damaligen Betreuer war der aus Rumänien stammende Mendi Porat, der zusammen mit fünf Freunden im Auftrag der Jewish Agency jüdische Kinder in den Besatzungszonen ausfindig machte. Seine Schilderung der Ereignisse macht die besondere Problematik deutlich: „Wir kamen mit einer Fähre auf die Insel... Sie empfingen uns, als sei Napoleon persönlich gekommen. Alle sprachen durcheinander, und sie benutzten immer wieder Worte auf Jiddisch, um uns zu zeigen, dass sie Juden waren. Was soll ich sagen? Es waren Jungen und Mädchen, die lange Zeit auf der Insel gelebt hatten. Sie waren braungebrannt, gesund und kräftig. Einige der Mädchen waren richtig ‚flotte Bienen'. Ich schickte darüber einen Bericht nach Paris. Schnell wurde mir klar, dass viele aus der jüdischen Führung in Europa gegen ihre Aufnahme waren. Aber schließlich wurde doch positiv entschieden. Ben-Gurion persönlich hat die Entscheidung getroffen, diese ‚arischen Juden', die wie gesagt ‚Halb-' und ‚Vierteljuden' waren, aufzunehmen. Die Begründung lieferte Rabbiner Herzog. Er sagte, dass man auch solchen Menschen helfen müsse, die nur ‚ein bisschen' Juden waren, aber sich als Juden fühlten, nachdem doch Millionen Juden ermordet worden waren."[76]

[76] Kirschen auf der Elbe, Seite 64/65, a.a.O.

Mendi Porat holte zusammen mit einem Begleiter von der Jewish Brigade die Kinder und Jugendlichen von Amrum ab. „Als wir ankamen, bereitete ich zwei Listen vor: eine Liste der Kinder bis zum Alter von 17 Jahren, die nach Blankenese kommen, und eine Liste der älteren, die zu einer Ausbildungsgruppe nach Bergen-Belsen gebracht werden sollten. Es war mir klar, dass es nicht leicht sein würde, diese Gruppe nach Blankenese zu bringen. Wir sorgten dafür, dass sie von einem eigenen Betreuer ein paar Lieder auf Hebräisch und etwas über das Judentum und über Eretz Israel lernten. Diese Gruppe bestand aus zwölf Jungen und Mädchen. In Blankenese gab es massiven Widerstand, und aller Abscheu gegen die Deutschen brach hervor. Was auch nur im Entferntesten mit Deutschen zu tun hatte, wurde verabscheut. Manchmal dachten wir sogar daran, das Unternehmen abzubrechen, aber schließlich war es doch erfolgreich."[77]

[77] Kirschen auf der Elbe, Seite 65, a.a.O.

Anhand der untersuchten Quellen lassen sich nicht alle Namen dieser Jugendlichen und Kinder feststellen, aber zumindest einige. Heinz Holhlfeld (Jg.1930) und Gerhard Hohlfeldt (Jg. 1931) kamen zur Vorbereitung nach Bergen-Belsen, wo sie Hebräisch lernten und eine landwirtschaftliche Ausbildung absolvierten. Ihr Weg nach Palästina endete zunächst auf Zypern, bevor die beiden jungen Männer dann in den neu gegründeten Staat Israel einwandern konnten und ihn sofort als Soldaten verteidigen mussten. Beide blieben in Israel und gründeten dort eine Familie.

Ähnlich wie den Brüdern Hohlfeldt erging es dem älteren Sohn der Familie Feibel. Nach der Vorbereitung in Bergen-Belsen führte der Weg in den meisten Fällen mit dem Zug nach Triest oder einen anderen Mittelmeerhafen, von wo die von den jüdischen Organisationen angeheuerten Schiffe in Richtung Palästina aufbrachen. Einreisegenehmigungen, die für eine legale Einwanderung ins britische Mandatsgebiet erforderlich gewesen wären, besaßen die wenigsten.

So versuchten die Besatzungen, die Schiffe möglichst nah an die Küste heran zu fahren, damit die Menschen schwimmend an Land gelangen konnten. Als „Schiffbrüchige" mussten sie ins Land gelassen werden, wurden allerdings in einem Lager in der Nähe von Haifa interniert. Die meisten Schiffe brachte die englische Marine bereits auf hoher See auf und zwang sie zur Fahrt nach Zypern, wo eine große Zahl von Internierungslagern bestand.

Auch vier der älteren Kinder von Julius Herz verließen Amrum, um sich auf die Auswanderung nach Palästina vorzubereiten: Erna Herz, 1926 geboren, kam nach Belsen; sie kehrte allerdings bereits nach kurzer Zeit zurück nach Amrum. Robert (1927), Gerda (1929) und Helga (1931) waren in Blankenese und gingen nach Palästina.

Helga, Gerda und Robert Herz mit einem Freund in Israel

Familienbesitz Alfred Herz

1949 versuchte der Vater Julius Herz auch für sich und seine beiden jüngeren Kinder Alfred und Ilse eine Möglichkeit zu finden, nach Palästina auswandern zu können.[78]

[78] Von diesen Bemühungen seines Vaters hatte sein Sohn Alfred offenbar nichts erfahren.

Familienbesitz Alfred Herz

Helga Herz als Soldatin in Israel

Aktennotiz von Dr. Ernst G. Löwenthal über ein Gespräch mit Julius Herz vom 26. Januar 1949, als erledigt abgeheftet am 31.1.1949

Eine Aktennotiz der JRU besagt sinngemäß: „Julius Herz ist Mitglied der Jüdischen Gemeinschaft und vom Kreissonderhilfsausschuss anerkannt, erhält Unterstützung der Arbeitslosenversicherung. Ein Sohn und zwei Töchter, 19, 20 und 21 Jahre alt etwa, verließen das Heim in Blankenese in Richtung Palästina. Die jüngeren Kinder Alfred, 14 Jahre alt, und Ilse, 15 jährig, leben noch mit ihm in Wittdün. Herz drängte, ihm und diesen beiden Kindern zu helfen, den anderen nach Palästina folgen zu können. Er hat bereits vor etwa acht Wochen einen Antrag bei der JAFP in Belsen auf Einwanderung nach Palästina gestellt und wartet auf eine Antwort. Herz würde es begrüßen, wenn auch Alfred und Ilse nach Blankenese kommen würden."[79]

[79] Aktennotiz von Dr. Löwenthal vom 26.1.1949

Die Familien blieben vor allem über Briefe in Kontakt mit den Ausgewanderten: Briefe von Amrum gingen auf den Weg nach Palästina, Briefe aus Palästina und später Israel kamen bei den Familien im Kurhaus an. Die besonderen Briefmarken fanden großes Interesse bei Inge Jürgensen, der Tochter der Jugendherbergseltern und Schulfreundin der Kinder im Kurhaus.

Briefmarken aus Palästina und Israel

4. Inselalltag

4.1. „Miteinander"?

„Und hatte der Wittdüner Lehrer Wilhelm Sorgenfrei noch in der Schul-Chronik notiert, dass die Flüchtlinge „in Liebe aufgenommen wurden", so stellten sich bald Spannungen zwischen Flüchtlingen und Einheimischen ein, zumal erstere sahen und merkten, dass letztere durch den Krieg nichts verloren hatten, obwohl sie als stramme Nazis am Desaster des Deutschen Reiches genauso mitverantwortlich waren."[80] Diese Beschreibung Georg Quedens dürfte vor allem auf die Konflikte zwischen den Wittdünern und den Ostflüchtlingen zutreffen, nicht aber auf die Menschen im Kurhaus. Vielleicht hatte der eine oder andere unter ihnen in den Anfangsjahren mit dem Naziregime sympathisiert, doch dürfte das mit der erfahrenen Diskriminierung und Verfolgung schnell verflogen gewesen sein. Verantwortlich für „das Desaster des Deutschen Reiches" war diese Gruppe von Flüchtlingen jedenfalls nicht zu machen.

Im Gegenteil, die Menschen im Kurhaus konnten sich als vorher „rassisch Verfolgte" in Wittdün wie auf der gesamten Insel von Mitverantwortlichen an ihrem Schicksal umgeben sehen, egal ob diese zuvor bereits auf Amrum oder in Danzig gelebt hatten. Es gab Grund genug, bei Begegnungen Vorsicht walten zu lassen. „Auf Amrum wimmelte es von Nazis, mehr oder weniger fanatisch.", so Georg Quedens. Ein kurzer verbaler Schlagabtausch zwischen der etwa 10 jährigen Inge Jürgensen und drei um einige Jahre älteren Jungen im Kurhaus könnte als symptomatisch betrachtet werden: Von den Jungen als „Nazischwein" attackiert, gab es für das schlagfertige, in nationalsozialistischer Ideologie und Kriegsalltag auf der Insel sozialisierte Mädchen nur eine Entgegnung: „Judensau".[81] Belehrt hatte man sie am Ende des Krieges, dass sie nicht mehr vom „Tommi" sprechen dürfe, es müsse nun „die Engländer" heißen.

[80] Quedens ‚Die Nazizeit..., a.a.O., Seite 157

[81] Diese Erinnerung von Inge Sarsfield liegt der kurzen Erzählung „Begegnung im Kurhaus" zu Grunde.

Aufnahme der Südspitze, Ansichtskarte ohne Jahr

Privatsammlung Inge Sarsfield

Anfangs dürfte die neue Situation sicher für eine gewisse Zurückhaltung und pragmatische Anpassung der „Nazis" gesorgt haben, schließlich wusste niemand, wie sich die englische Militärregierung verhalten würde und was die bevorstehende „Entnazifizierung" tatsächlich bedeutete. Doch nachdem fast alle als „Mitläufer" eingestuft worden und ohne nennenswerte Strafen davon gekommen waren, wurde es schnell allein die Sache jedes einzelnen, ob und inwieweit er oder sie sich mit dem nationalsozialistischen Regime und seinen Verbrechen auseinanderzusetzen begann.

Quedens nennt zwei konträre Beispiele: den Konditor aus Norddorf, der sich das Leben nahm, als ihm bewusst wurde, welche Taten im Namen der Ideologie begangen worden waren, mit der er sich identifiziert hatte, und Dr. Wilhelm Ide, der bis zu seinem Lebensende keinen Hehl aus seiner faschistischen Einstellung machte. Als anerkannter und beliebter Arzt in Wittdün war er eine Autorität, an der sich vermutlich manch anderer orientierte.[82]

[82] Quedens, Die Nazizeit, a.a.O., Seite 158-160

Eine wieder eingesetzte Autorität war auch der Wittdüner Bürgermeister Johannes Matzen. Als Mitglied der NSDAP seit 1928 war er 1929 zum Bürgermeister gewählt worden und blieb nach der Machtübernahme der Nationalsozialisten sehr wohl im Amt, bis eine persönliche Fehde zwischen ihm und dem Wittdüner Ortsgruppenleiter Dr. Wilhelm Ide zu seiner Entlassung durch den Landrat führte. Laut Quedens soll dabei auch die Zugehörigkeit Matzens zur Druidenloge eine Rolle gespielt haben. Diese löste sich 1935 im ganzen Deutschen Reich zwangsweise auf, denn ihre Prinzipien Humanismus, Toleranz, Nächstenliebe, Brüderlichkeit und Schutz der Menschenrechte waren in keiner Weise vereinbar mit Ideologie und Politik der NS-Diktatur. „Aber Ironie der Geschichte: Weil Johannes Matzen von den Nazis als Bürgermeister verjagt worden war, wurde er unmittelbar nach Kriegsende, als von den alliierten Siegermächten alle Gemeindevorsteher der Nazizeit entlassen waren, von der britischen Militärregierung als Wittdüner Bürgermeister wieder eingesetzt."[83]

[83] Quedens, Die Nazizeit, a.a.O., Seite 135

Ihm kam damit eine besonders wichtige Rolle zu, befand sich doch der nächste Stützpunkt der britischen Militärregierung auf Sylt. Nur ab und an kam eine Delegation per Boot für Kontrollen nach Amrum. Die drohenden Worte Matzens, am liebsten „die Juden ins Meer jagen" zu wollen, blieben den Bewohnerinnen und Bewohnern des Kurhauses und auch anderen in deutlicher Erinnerung, bisweilen war wohl auch die Rede davon, „alle Flüchtlinge ins Meer zu jagen". Für die Menschen im Kurhaus dürfte das eine wie das andere bedrohlich genug geklungen haben, war doch dieser Mann als Bürgermeister ihre offizielle Ansprechperson. In seinem Büro der Gemeindeverwaltung in der Inselstraße hatten sie alle Anträge zu stellen, aus seiner Hand erhielten sie ihre Zahlungen, und er war es auch, über den die Verbindung zum Sonderhilfsausschuss des Kreises lief, an den sich Verfolgte des NS-Regimes zunächst wenden mussten, um Hilfen zu erhalten. Bis 1948 blieb Johannes Matzen in seiner Funktion. Bei den ersten Gemeinderatswahlen 1948 wurde Wilhelm Figge als Nachfolger gewählt, aber schon drei Jahre später, am 10. Mai 1951, wählte Wittdün Dr. Wilhelm Ide zum Bürgermeister.

4.2. Kindheit in Wittdün

Diese Fragen dürften die Kinder wenig interessiert haben, denn auch damals war Amrum ein wunderbarer Ort zum Aufwachsen. Die Weite der Natur und gleichzeitig die Überschaubarkeit der Insel erlaubt ihnen ein hohes Maß an Freiheit, weitaus mehr als anderswo möglich, wo allein die Gefahren des Straßenverkehrs Kinder einschränken. Befragt nach ihren deutlichsten Erinnerungen, beschreiben die damals kleineren Kinder des Kurhauses, Alfred Hohlfeldt und Uschi Wendt, das Spielen am Strand und in den Dünen, dass sie stundenlang sowohl allein als auch mit anderen Kindern genossen. „Mich interessierte nur die Natur", so Uschi Wendt. Aber auch zur Schule sei sie gern gegangen.

Aufnahme 2012 Heidemarie Kugler—Biemann

Heute gibt es mit der Öömrang Skuul eine zentral gelegene Schule auf der Insel, die von den Schulkindern aller Ortschaften besucht wird. Mit dem Fahrrad oder dem Inselbus kommen die Kinder aus Wittdün mit denen aus Norddorf, Nebel und Süddorf zusammen, entwickeln Freundschaften über die alten Dorfgrenzen hinweg und sind in ihrer Freizeit auf der gesamten Insel unterwegs. Eine solche gemeinsame Inselschule entstand erst in den 1950er Jahren aus dem „Aufbauzug" als weiterführende Schule nach den Jahren der Schulpflicht. Die Dörfer hatten bis dahin eigene Schulen, und der Spielraum der Kinder beschränkte sich weitestgehend auf das Territorium der jeweiligen Ortschaft.

Blick von der Wandelbahn auf die Nordsee

Dies beschreibt auch der Lehrersohn Jan-Udo Wenzel: „Was mir komisch vorkam, war, dass fast niemand jemals aus Wittdün über die ganze Insel ging. Und wenn mal die Jungen vom Leuchtturm nach Wittdün kamen, wussten sie, wenn wir sie erwischten, dann gab's Prügel. Es war so eine Art Kriegszustand. Also waren die anderen Dörfer der Insel unerforschtes Gebiet für mich."[84]

[84] Amrumer Erinnerungen, a.a.O., Seite 14 / 15

Privatsammlung Inge Sarsfield

An der Brücke
Jugendliche und Kinder in Wittdün 1950
von links: Fredy Herz mit Dietmar Müller auf den Schultern,
Inge Jürgensen, Günter Feibel (ganz vorn), Rosi Müller,
Heiner Bruhn mit Egon Matzen auf den Schultern,
Peter Rex, Harry Muth

Bei der bis Kriegsende üblichen Einwohnerzahl Wittdüns hatten Kinder und Jugendliche eine kleine Zahl von etwa Gleichaltrigen und somit wenig Auswahl an Spielgefährten und Gefährtinnen. Kinder von Feriengästen und aus den Kinderheimen verließen die Insel nach kurzer Zeit, und selten ließen sich im Sommer geschlossene Freundschaften durch Briefwechsel bis zu einem Wiedersehen aufrecht erhalten. Mit den zahlreichen Flüchtlingskindern änderte sich diese Situation für eine kurze Periode grundlegend, ebenfalls „ein besonderes Kapitel". 194 Schulkinder zählte die Wittdüner Schule im Mai 1946, hatte statistisch also mehr als 20 Kinder in jedem Jahrgang. Fasziniert von den Kindern im Kurhaus war Inge Jürgensen (Jg. 1935), und sie schloss schnell Freundschaft mit den gleichaltrigen Mädchen, vor allem Ingeborg und Brigitte Meyer. Bei ihren Besuchen im Kurhaus lernte sie auch die anderen Kinder und Jugendlichen näher kennen. Dabei waren die ersten Begegnungen nicht immer unproblematisch. Bis heute erinnert Inge Sarsfield den Zusammenstoß auf der großen Treppe des Kurhauses mit drei Jungen ganz genau.

Begegnung im Kurhaus[85]

[85] Erzählung der Verfasserin nach den Schilderungen Inge Sarsfield, geborene Jürgensen

Atemlos trommelte sie mit aller Kraft gegen die Tür und schrie: „Frau Meyer! Schnell! Machen Sie auf!" Aus den Augenwinkeln konnte sie sehen, dass ihre Verfolger stehen geblieben waren, sie aber weiterhin drohend ansahen. Als sie einen erneuten Trommelwirbel begann, öffnete sich die schwere Tür, und sie stolperte in Frau Meyers Arme. Gerettet, dachte sie.

„Inge, Kind, was ist denn bloß geschehen? Du bist ja ganz außer dir." Die dunkelhaarige Frau hielt das blonde Mädchen umfasst und strich ihr beruhigend über den Kopf. „Komm her, setzt dich hin und trink erst einmal einen Schluck Wasser. Und dann erzählst du, was los ist." Inzwischen standen auch Ingeborg und Brigitte neben ihrer Mutter. Ingeborg nahm ihre Freundin Inge an die Hand, führte sie zu dem alten Sofa und setzte sich neben sie. Brigitte füllte ein Glas mit Leitungswasser und hielt es Inge zum Trinken hin, während sich Ella Meyer einen Stuhl heranzog und Inge aufforderte, ihr alles zu berichten.

Noch immer sehr aufgeregt begann die Zehnjährige zu erzählen, wie sie sich heute morgen in der Schule mit Ingeborg verabredet hatte zum Spielen, dass sie aber ihrer Mutter noch hatte helfen müssen und deshalb erst später losgehen konnte. Ingeborg habe nicht draußen auf sie gewartet, und so sei sie ins Haus gekommen. Sie hätte ja gewusst, welches Zimmer Meyers im Kurhaus bewohnten. „Als ich in die Halle gekommen bin, habe ich gleich die drei Jungs gesehen. Sie standen oben auf dem Treppenabsatz und guckten über das Geländer. Ich bin dann auf der anderen Seite hochgegangen, aber da sind sie schon rüber gekommen und wollten mich nicht durchlassen. Und dann hat der Kleinste gesagt: „Was willst du hier, du Nazischwein?" Inge schnaufte empört: „Das konnte ich mir doch nicht gefallen lassen. Und dann habe ich ganz schnell gesagt: „Das geht Euch gar nichts an, ihr Judensäue!" und bin losgerannt. Der eine hat meinen Zopf gepackt, aber ich habe mich losgerissen und bin zu euch gerannt." Und etwas leiser fügte sie hinzu: „Ich weiß ja, dass ich das nicht hätte sagen dürfen."

Ella Meyers Gesicht war ernst geworden. Sollte es nie aufhören? Sie stand auf und sagte zu den drei Mädchen: „Ihr bleibt erst mal hier, und du, Inge, beruhigst dich. Ich bin gleich wieder zurück."

Auf der breiten Freitreppe des früheren Hotelgebäudes entdeckte sie das Dreiergespann, Hänschen, wie Hans Semmelroth genannt wurde, Klaus Hirschberg und Helmut Sukkau. Alle drei Jungen waren einige Jahre älter als ihre Töchter und deren neue Freundin Inge Jürgensen, die Tochter der Jugendherbergseltern. Ein Mädchen von der Insel, das erste, das unbefangen auf die jüdischen Neuankömmlinge zugegangen war. Mit den drei Jugendlichen wollte sie ein ernstes Wort reden, ihnen musste sie klar machen, dass sie all ihre entsetzlichen Erfahrungen nicht auf ein zehnjähriges Mädchen projizieren dürften, wenn es hier in Zukunft ein friedliches Miteinander geben sollte. Und dann müsste sie mit Inge sprechen und ihren Eltern. Den Vater hatte sie bereits gesehen, im Gespräch mit einem der Männer aus dem Kurhaus.

Als Leiter einer Jugendherberge müsste er eigentlich das Problem verstehen, zumal er schnell entnazifiziert worden und nach Wittdün zurück gekommen war. Aber wie sah seine wirkliche Einstellung aus? Ella Meyer atmete tief durch und ging auf die Jungen zu.

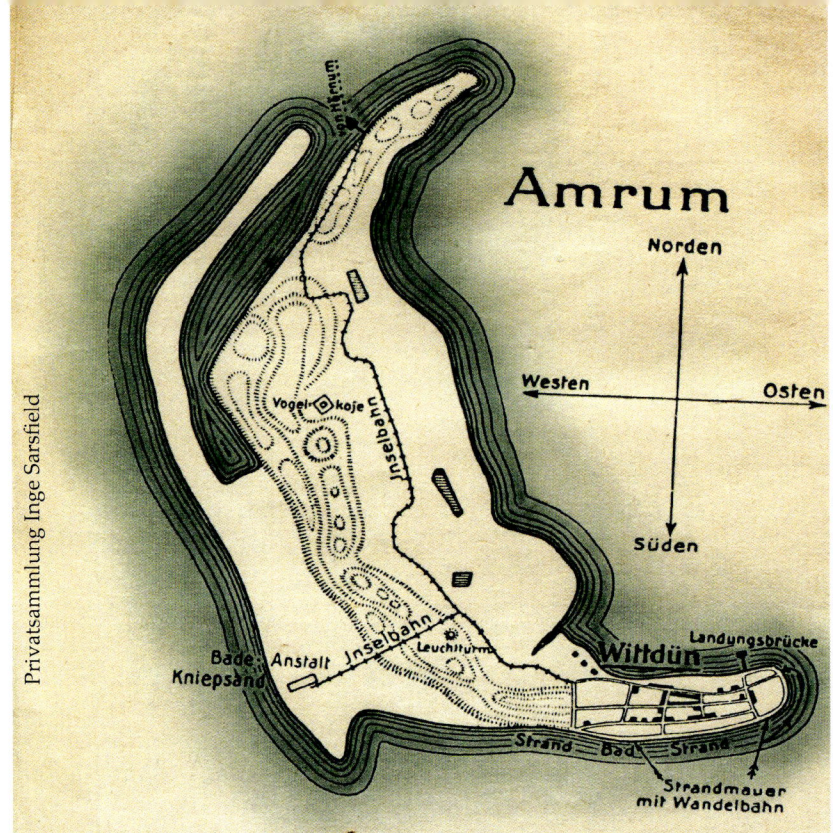

*Skizze von Amrum
mit der Bebauung
von Wittdün
in einer Werbe-
broschüre 1930/31*

Das Zimmer, in dem Ella Meyer mit ihren beiden Töchtern Brigitte und Ingeborg lebte, war mit einem breiten Bett, das auch als Sitzgelegenheit diente, einem Sofa und einem runden Tisch möbliert. Es gab einen Schrank, eine Kommode, ein Waschbecken und einen Bollerofen. Und „die Bude war immer voll", so erinnerte sich Ingeborg Meurer, geborene Meyer. Wenn nicht ihre Freundinnen zugegen waren, so hatte die Mutter Besuch von ihrer Freundin Frieda Freund oder anderen Frauen.

*Baden an der Brücke
Kinder und Jugendliche in Wittdün 1950
Jungen (von links):
Egon Matzen, Günter Feibel, Dietmar
Müller, Fredy Herz, Heiner Bruhn, Harry
Muth, Arno Schermer;
Mädchen (von links):
Ingeborg Bohn, Inge Jürgensen,
Rosi Müller, Anke Bohn*

Begeistert war Inge Jürgensen von den Ballett- und Akrobatik-übungen der Mädchen im Kurhaus; so konnte Christa Jeschke sogar einen vollendeten Spagat auf dem Geländer der Promenade vorführen. Im großen Saal des Kurhauses lernte das Amrumer Mädchen tanzen. Ein kleines Radio spielte Swing, Tango und Slow Fox, und die älteren Mädchen brachten ihr die Schritte bei.

Auch Alfred Herz blieben die „Tanzstunden" im Saal des Kur-hauses in schöner Erinnerung. Er war nicht nur mit den Jungen aus dem Kurhaus, sondern auch mit Inges Bruder Peter Jürgensen eng befreundet und weiß von spannenden Indianerspielen in den Dünen und manch verbotenem Besuch in der Speisekammer der Jugend-herberge zu berichten. „Für die Kinder war es eine schöne Zeit auf Amrum", so lautet sein Fazit.

Ein anderer Junge aus dem Kurhaus, Lothar Jeschke, verliebte sich in Inge Jürgensen und schenkte ihr einen kleinen Ring. Noch ganz im Denken der vergangenen Nazizeit rechnete ihr „Tille" vor, dass eine Heirat sehr wohl möglich sei, schließlich sei er „Vierteljude", und so würden ihre Kinder lediglich „Achteljuden", und das „zähle ja nicht mehr".

Wie Inge und Peter Jürgensen knüpfte auch Jan-Udo Wenzel engere Kontakte zu den Jugendlichen im Kurhaus.

„Der erste Sommer[86] ging viel zu schnell vorbei. Meine Freunde waren Karl-Heinz Schernewski und Harald Lüders. Später kam noch Lothar Jeschke dazu. Karl-Heinz war ein Flüchtling von Ostpreußen. Haralds Vater war beim Zoll, und Lothar wohnte im Kurhaus. Er war von Danzig. Ich war neugierig auf die Leute vom Kurhaus, aber es nahm eine Weile, ehe die Jungen, die dort lebten, sich mit den Wittdünern mischten. Aber alle spielten wir Fußball, und die ersten Spiele waren die vom Kurhaus gegen die Dörfler. Wir spielten mit allem, was wir fanden. Barfuß oder mit solchen Schuhen, die man hatte, wurde gespielt, und als Ball wurde alles gebraucht, was sich ins Tor treten ließ. Die Jungen vom Kurhaus hatten komische Namen füreinander. Sie nannten einander Stalin, Molotow, Spatz, Erbse, Kohlenklau und anderes mehr. Aber nach kurzer Weile konnte ich gut mit ihnen auskommen und verbrachte viele Stunden in dem Hotel. Unten war der Pfeilersaal, ein großer Raum, wo man sogar mit dem Fahrrad herumfahren konnte. Das Kurhaus hatte drei Stockwerke und eine große Anzahl von Zimmern. Alle waren sie belegt, und jedes Zimmer diente wenigstens einer Familie als ganze Wohnung. Wie in allen Gebäuden, wo viele Menschen beieinander leben, war im Kurhaus ein gewisser Geruch, der sich aus Kochgerüchen und abgestandener Luft zusammen setzte. Aber später, als ich die Bekannt-schaft von den meisten dort Lebenden gemacht hatte, ging ich gerne dorthin, es war immer interessant. Es war sehr eng darin, aber es war wohl besser als viele der Flüchtlingslager auf dem Festland."[87]

Lothar, Peter und Christa Jeschke auf dem Kniepsand ca. 1949

[86] Gemeint ist der Sommer 1946.

[87] Die „Amrumer Erinnerungen" schrieb Jan-Udo Wenzel 1992 in seiner neuen Heimat Prince George, British Columbia in Kanada. Unveröffentlichtes Manuskript, Seite 15

Fußballmannschaft aus „Kurhäuslern" und anderen auf der Spielfläche neben dem Kurhaus, 1948 oder 1949
In der hinteren Reihe von links: Hänschen Semmelroth, Klaus Hirschberg, Helmut Rettke, NN, NN; vordere Reihe: Günter Feibel, Helmut Sukkau, Horst Böhnke, Fredy Herz, Lothar Jeschke; vorne liegend Siegfried Scharnewski. Helmut Rettke arbeitete als Bäckergeselle in der Bäckerei Reeps. Horst Böhnke war Flüchtling und im Haus Wilmersdorf untergebracht. Alle anderen namentlich Genannten lebten im Kurhaus.

Nach den Erinnerungen der Befragten waren es aber wohl nur wenige Kinder, die regelmäßig ins Kurhaus kamen, um ihre Freunde und Freundinnen zu treffen. Begegnungen fanden sonst weitestgehend im Freien statt. Warum die anderen Amrumer Kinder dem Kurhaus fern blieben, darüber lassen sich nur Vermutungen anstellen. War wegen der räumlichen Enge in allen Häusern gegenseitiges Besuchen sowieso eher nicht üblich, oder waren es die Eltern, die keinen engeren Kontakt zu den „Juden" wünschten? Sowohl der Lehrer Wietasch mit seiner Familie, 1946 nach Wittdün gekommen, als auch die Jugendherbergseltern, die seit 1937 auf Amrum lebten, galten als „Zugezogene" und hatten es ebenfalls nicht leicht, voll akzeptiert zu werden von den „richtigen" Amrumer Familien. Dazu befragt, sagte Ingeborg Meurer, das Kurhaus sei wie ein Tabu in Wittdün gewesen, außer dem Postboten sei kein erwachsener Insulaner zu regelmäßigen Besuchen gekommen.[88]

Jan-Udo Wenzel zog seine eigene Schlussfolgerung, wenn er schrieb: „Es nahm nicht lange herauszufinden, dass manche der Einheimischen nichts für diese Leute übrig hatten. Bürgermeister Matzen sagte sogar einmal, man sollte alle Flüchtlinge ins Meer jagen. Manche dieser Flüchtlinge aber hatten auch kein gutes Wort für die Insulaner, denn die hatten ja doch nichts verloren durch den Krieg. Auf Amrum war doch nur ein einziges Haus durch einen Bombennotabwurf zerstört... Mir waren beide Auffassungen unbequem,

[88] Wohl aber wurden die großen Veranden des Kurhauses zum abendlichen Treffpunkt der Jugendlichen und jungen Leute aus Wittdün.

denn wir waren weder Flüchtlinge noch Einheimische. ...So stand ich immer etwas beiseite, eine Auffassung, die für mich zur lebenslangen Gewohnheit wurde."[89]

[89] Jan Udo Wenzel: Amrumer Erinnerungen, a.a.O., Seite 11 / 12

Uschi Wendt behielt in deutlicher Erinnerung, wie manche der Einheimischen bei Alltagsbegegnungen zum Beispiel in Geschäften oder auf der Straße bewusst die friesische Sprache als Mittel der Ausgrenzung einzusetzen wussten. Auf Friesisch fielen durchaus deutliche Worte über das „Flüchtlingspack". Als sie ihre Amrumer Schulfreundin Anke Bohn in deren Zuhause besuchte und einmal allein im Wohnzimmer war, blieb sie wie erstarrt in der Mitte des Raumes stehen und wagte nicht, sich zu bewegen – aus Angst, sie könne als Flüchtlingskind in Verdacht geraten, etwas zu stehlen. Und auch unter den Kindern wirkten sich die Vorurteile aus: Eines der einheimischen Mädchen habe in der Schulklasse von Uschi Wendt geäußert, dass sie wie alle Flüchtlinge Läuse und Flöhe habe, und so wollte niemand neben Uschi sitzen. Nur Anke Bohn habe sich entschlossen neben sie gesetzt.

4.3. Ein Kapitel für sich in der Schulgeschichte Wittdüns 1944 – 1950

Seit 1899 besaß die Gemeinde Wittdün ein Schulgebäude mit einem Schulraum und der Lehrerwohnung, damals inmitten von Dünen erbaut, später an der Mittelstraße gelegen. Allerdings endete der Schulbetrieb in diesem Gebäude 1968 mit der Einrichtung einer Dörfergemeinschaftsschule; das Haus war lange Jahre Sitz der Kurverwaltung, stand etliche Jahre leer und wurde 2014 abgerissen.

Vor dem ehemaligen Schulgebäude, 2013

Aufnahme Heidemarie Kugler-Weiemann

Aufnahme Heidemarie Kugler-Weie

Während des Zweiten Weltkriegs war Wilhelm Sorgenfrei als Lehrer dieser einklassigen Schule in Wittdün tätig. Er hatte die Stelle 1924 übernommen und behielt sie bis zu seinem Ruhestand inne, der im Sommer 1945 begann. Mit dem Jahr 1942 war die Zahl seiner Schüler und Schülerinnen auf nur noch 13 gesunken. Im Jahr darauf wurden ausgebombte Hamburger Familien auf Amrum untergebracht, und damit stieg die Zahl der Schulkinder wieder an. Im Sommer 1944 waren es 25.

Der Amrumer Chronist Georg Quedens schildert die Situation im Jahre 1945 wie folgt: „Am 27. Februar 1945 kamen als Vorboten der zusammenbrechenden Ostfront und des „Dritten Reiches" 800 Flüchtlinge nach Amrum, davon 140 nach Wittdün. Die Einschulung der Kinder dieser Ostflüchtlinge erfolgte aber erst am 6. April. Es waren 34, die aber zum Teil eine mangelhafte Schulbildung aufwiesen, so dass der Wittdüner Lehrer, inzwischen 65 Jahre alt, plötzlich vor großen Problemen stand. Ebenso wenig konnte der Klassenraum die Menge der Schüler fassen, zumal weitere Flüchtlinge nach Amrum kamen. Das Problem erledigte sich dann allerdings, als am 12. Mai 1945, eine Woche nach der Kapitulation, die britische Militärregierung befahl, keinen Unterricht mehr zu erteilen, bis neue Schulbücher vorhanden sind. Für ein halbes Jahr fiel die Schule ganz aus, und Wilhelm Sorgenfrei trat in den wohlverdienten Ruhestand, wo ihm als Parteigenossen allerdings zunächst die Pension verweigert wurde."[90]

Da die politische Überprüfung und Entnazifizierung von Lehrkräften noch andauerte, musste eine erst 24 jährige Schulhelferin aus Norddorf den Unterricht in Wittdün erteilen, im Herbst 1945 mit 80 Kindern und nach den Weihnachtsferien gar mit 130. Eine unvorstellbare Situation, 130 Schüler und Schülerinnen zwischen 6 und 14 Jahren, eine unerfahrene Lehrerin, ein einziges Klassenzimmer, keine Schulbücher und großer Mangel an Schreibmaterial.[91]

[90] Georg Quedens: Schulen und Lehrer auf Amrum, Amrum 1993, Seite 130/31

[91] Ein in die USA ausgewanderter Wittdüner soll laut Georg Quedens Pakete mit Schreibmaterialien geschickt haben.

4.3.1. Lehrer Wietasch

Im Mai 1946 übernahm der Lehrer Günter Wietasch die Wittdüner Schule, und die Schulhelferin wechselte an die Norddorfer Schule. Wietasch war 1914 in Berlin geboren, hatte nach seinem Schulbesuch im Rheinland nicht nur den vorgesehenen Arbeitsdienst, sondern auch ein freiwilliges Wehrdienstjahr bei der Marine absolviert, bevor er sein Studium in Elbing begann. Seine erste Stelle als Lehrer fand er in Oberschlesien. Im Zweiten Weltkrieg war er Soldat.

Nach Wittdün kam er mit seiner Frau und den Kindern von Sylt aus. Die Familie fuhr mit der Bahn bis Dagebüll und dann mit der Fähre nach Amrum, während Günter Wietasch selbst mit einem Küstenfrachter Möbel und Hausrat transportierte. Sein ältester (Stief-) Sohn Jan-Udo Wenzel erinnerte sich deutlich: „Es nahm nicht viel Zeit, einzuziehen, aber ich war doch erstaunt, wie viel Mobiliar wir hatten. Hatten wir doch alles durch Kriegseinwirkung verloren und wohnten erst bei Verwandten auf Sylt und dann in der Offiziersbaracke eines Marinelagers. Bei näherem Betrachten konnte man erkennen, dass die Möbel und alles andere einmal zum Militärbestand der gross-deutschen Wehrmacht gehört hatten und seit Kriegsende einfach keine Besitzer hatten. Vater hatte alles sehr gut organisiert, und wir hatten genug für eine Einrichtung. In meiner Mansarde fand ich ein eisernes Bett und einen Holzspind, beide wohl aus den Kasernen auf Sylt. Die anderen Zimmer waren ähnlich eingerichtet. Aber wenn man bedenkt, zu welcher Zeit das war, dann kann man nur sagen, wir waren reich."[92]

[92] Jan-Udo Wenzel, a.a.O.

Archiv Georg Quedens

Das Schulgebäude in Wittdün

An anderer Stelle seiner Erinnerungen beschrieb Jan-Udo Wenzel sehr eingehend das Schulgebäude, das gleichzeitig das Wohnhaus der Lehrerfamilie war:

„Die Schule war ein großes Haus. Es hatte neben dem Klassenzimmer eine große Küche und drei große Zimmer (im Erdgeschoss). Der Hausflur war so groß, dass Vater und ich dort später Kopfball spielten.

Eine Doppeltür schloss den Hausflur von der Treppe zum oberen Stockwerk ab. Eine breite Treppe führte nach oben, wo es äußerst geräumig war. Drei Mansarden, so nannten wir die Zimmer oben, gab es, und der Fußboden war lackiert. Die Mansarden lagen zur rechten Seite, und zur linken konnte man wohl Wäsche zum Trocknen hängen. Ich erforschte das zweite Stockwerk sofort und fand den Nachlass der nationalsozialistischen Jahre dort. Zwei Trommeln, Querflöten, einen Tambourstab und eine Menge von Wurfkeulen in der Form von Handgranaten, wie sie so beim deutschen Militär üblich waren... Die Küche und somit das ganze Haus hatte kein fließendes Wasser, aber da war eine Handpumpe, die sehr gut schmeckendes Wasser gab. Es gab kein Badezimmer, aber als Junge vermisst man ein Bad sowieso nicht zu sehr. Die drei großen Zimmer waren an sich nicht Besonderes, nur zu einer Zeit, wo es in Deutschland große Wohnungsnot gab, waren sie enorm... Jedes Zimmer hatte, was man heute wohl einen antiken Eisenofen nennen würde."[93]

[93] Jan-Udo Wenzel, a.a.O.

Hier richtete sich die Familie des Lehrers ein. Ein Wohnzimmer und gleichzeitig Arbeitszimmer für den Vater, ein Elternschlafzimmer und ein Zimmer für die beiden jüngeren Kinder; der ältere Sohn Jan-Udo bezog eine der drei Mansarden, die anderen wurden von den Großeltern bewohnt, den Eltern der Mutter. Später musste Jan-Udo seine Mansarde mit seinem Bruder Hansgünther teilen, und Hannelore das Zimmer mit der 1947 geborenen Georgine.

„Neben der Treppe, die zum Boden und meiner Mansarde führte, war ein Flur, der zur Hintertür führte. Rechts auf diesem Flur, kurz vor der Tür zum Garten, war die Toilette. Und was für eine Toilette das war! Der Raum dafür war ziemlich groß, und in der fernsten Ecke konnte man sich auf so einer Art Holzbank niederlassen, um zu tun, was man musste. Das ging dann alles in einen großen Eimer, den Vater dann herausnehmen musste, um den Inhalt im Garten zu vergraben. Das stank ja vielleicht jedes Mal...

Aber das interessanteste Zimmer des ganzen Hauses war das Klassenzimmer, in dem acht Jahrgänge zur gleichen Zeit unterrichtet wurden. Die Klasse war möbliert mit langen schweren Holzbänken, einige größer als die anderen, und sie waren in Reihen hintereinander aufgestellt. Die jüngeren Schüler saßen vorne und die älteren hinten.

Vor den Bänken stand ein Podium, um dem Lehrer eine gute Übersicht auf die Schüler zu geben. Dahinter an der Wand war eine schwarze Tafel, wie sie so üblich in deutschen Schulen war. Als wir nach Wittdün zogen, hatte Vater eine neue und verhältnismäßig moderne Tafel mitgebracht. Vaters erste Handlung war, mit einem Projektor eine Landkarte von Deutschland an die weiße Wand zu werfen und sie dann mit Farbe nachzuziehen. So hatten wir eine ständige Karte vor Augen.

An der Rückwand der Klasse standen zwei große Schränke. Einer enthielt die Dorfleihbücherei, der andere war mit wundervollen Dingen gefüllt. Hier gab es Eierschalensammlungen, Geräte für Chemie und Physik, getrocknete Blumen und Gräser, viele bunte Steine und sogar eine richtige Stoppuhr."[94]

[94] Jan-Udo Wenzel, a.a.O.

*In der Schule von
Wittdün 1948
oder 1949
Hinter den Mädchen-
bänken stehen Lehrer
Wietasch und ein
Musiklehrer, der als
Wanderlehrer Station
auf Amrum machte.*

Groß war der Schrecken des Lehrersohns am ersten Unterrichtstag. Sein Vater hatte 194 Kinder und Jugendliche vor sich. Wie sollte das gehen? Nur in Schichtbetrieb konnte Unterricht erteilt werden.

Unterstützung erhielt Günter Wietasch gleich im Mai 1946 durch eine junge Lehrerin, Fräulein Edith Jendrike, die selbst aus Ostpreußen geflüchtet war, und es wurde ein zusätzlicher Schulraum eingerichtet, doch auch so konnten bei höchster Arbeitsbelastung beider Lehrkräfte die einzelnen Jahrgänge nur wenige Stunden Unterricht erhalten.

In der Schule trafen mit den Kindern und Jugendlichen nun die unterschiedlichen Gruppierungen aufeinander, aus denen sich die Wittdüner Bevölkerung seit Kriegsende zusammensetzte, die „Einheimischen" oder „Hiesigen", zu denen die „Zugereisten" wie die Kinder des Lehrerehepaares und der Jugendherbergseltern kamen, einige „vom Zoll", dann die Gruppe der „Flüchtlinge" und schließlich die „Juden" aus dem Kurhaus.

Was aus der Sicht der Erwachsenen und vor allem der betroffenen Lehrkäfte kaum zu bewältigende Probleme bedeutete, sah für die Kinder und Jugendlichen anders aus. Eine der damals ältesten Schülerinnen, die 1933 geborene Helga Goetze, erinnert sich deutlich, wie es nach Jahren ziemlicher Langeweile in der Schule mit wenigen Kindern plötzlich sehr interessant und spannend wurde mit den vielen neuen Mitschülern und Mitschülerinnen. Allein in der Abschlussstufe waren sie nun 13 Jugendliche, 7 Mädchen und 6 Jungen, die von Lehrer Wietasch unterrichtet wurden. Die Stunden hätten mal am Vormittag, mal am Nachmittag stattgefunden, und so manches Mal hätten sie sich nur Aufgaben abgeholt, vor allem im Winter, als die Unterrichtsräume nicht geheizt werden konnten.

Mädchengruppe in den Dünen neben der Strandbar „Casetta sol Mare"
oberhalb der Schule an der Oberen Wandelbahn, 1947 oder 1948

Nach der Erinnerung von Inge Sarsfield sind abgebildet:
Hinterste Reihe von links: Eveline Gnoss (Kurhaus), Friedel Scheck
(Amrum), Gisela Kohnke (Kurhaus), Christa Jeschke (Kurhaus);
hintere Reihe von links: Waltraud Zagermann (Flüchtling Ostpreußen),
Helga Förster (Zoll), Maritt Ide (Amrum);
mittlere Reihe von links: Karin Migge (Flüchtling), Inge Paulsen (Amrum),
Jutta Reeps (Amrum), Uschi Wendt (Kurhaus), Anke Bohn (Amrum);
vordere Reihe von links: Gisela Born (Zoll), Irmgard Weichert (Flüchtling),
Waltraud Sulz (Flüchtling), Karin Naeve (Amrum), Sigrid Jankowski
(Flüchtling).

Aber auch zu Hause sei es in diesen Wintern bitter kalt gewesen,
so dass sie ihre Schulaufgaben bisweilen im Bett gemacht und dabei
sogar Handschuhe angehabt habe. In ihrer Klasse habe es ein gutes
Miteinander aller gegeben.

Die einheimischen Jugendlichen hätten Mitgefühl mit den Flüchtlingskindern gehabt, die ihre Heimat und alles verloren hatten. Die
gesamte Klasse sei wie eine Clique gewesen, die auch außerhalb des
Unterrichts gemeinsam unterwegs gewesen sei, zum Herumtoben
in den Dünen und am Strand oder zum Schlittschuhlaufen in der
Vogelkoje, wobei Klaus Hirschberg (aus dem Kurhaus) im Eis eingebrochen sei. Die älteren Jungen aus dem Kurhaus wie Klaus Hirschberg
waren es, welche die Autorität des Lehrers Wietasch deutlich in Frage
stellten, war und blieb er doch in ihren Augen einer der Nazis. Welche
Diskussionen und Auseinandersetzungen tatsächlich in der Schule
stattgefunden haben, lässt sich nach so vielen Jahren nicht mehr
feststellen, doch die besondere Betonung der damals Beteiligten, dass
es „der Lehrer Wietasch mit den großen Jungen" nicht leicht gehabt

habe, zeigt doch, dass es Konflikte gab, die über das übliche Maß zwischen Heranwachsenenden und Lehrkäften hinaus gegangen sein müssen. Für Alfred Herz als jüngerem Schüler dagegen blieb Lehrer Wietasch in guter Erinnerung, er habe viel bei ihm gelernt.

Sowohl Günter Wietasch als auch seine Kollegin Edith Jendrike bestraften die Kinder und Jugendlichen mit Schlägen, oftmals auf die Hände; ein Bambusstock lag stets bereit.

Klassenfoto Jg.1934/1935 vor der Schule in Wittdün
Hintere Reihe von links: Helga Goetze (Amrum), Ilse Kloss (Zoll),
Frauke Ide (Amrum), Lehrer Günter Wietasch, Ruth Rex (Amrum),
Brigitte Krähnke (Flüchtling), Ilse Herz (Kurhaus);
vordere Reihe von links: Lothar Jeschke (Kurhaus), Karl-Heinz Schernewski
(Flüchtling), Helga Kohnke (Kurhaus), Christa Jurczik (Kurhaus),
Jan-Udo Wenzel (Stiefsohn des Lehrers), Horst Böhnke (Flüchtling)

4.3.2. „Fräulein Jendrike"

Wie problematisch die Situation insgesamt gewesen sein muss, machen einzelne Vorfälle aus dem Unterricht von Edith Jendrike deutlich. Sie war vor allem für Musik und Sport zuständig und trug den kalten Winter hindurch ihren alten BDM-Umhang. Nachdem alle Kinder den Text des Liedes „Land der dunklen Wälder" als Hausaufgabe hatten auswendig lernen sollen, durften im Unterricht nur die aus Ostpreußen stammenden Kinder aufstehen und singen, während die Einheimischen sitzen bleiben sollten. Unbegreiflich, was die junge Lehrerin damit bezwecken wollte, ob es um eine positive Diskriminierung der Flüchtlinge gehen sollte, denen das Lied sicher bereits gut vertraut war, oder ob den Kindern aus den Wittdüner Familien gezeigt werden sollte, wie es ist, schlechter dazustehen oder ausgegrenzt zu werden.

Singende Mädchengruppe in den Dünen mit Lehrer Wietasch und einem Musiklehrer (Wanderlehrer), 1948 oder 1949

von links: Ingeborg Meyer, Resi Müller, Ursula Lüders, Inge Jürgensen, Brigitte Meyer, Helga Kohnke, Elsa Mönnichs, Ilse Herz, Brigitte Kränke

Eine andere Begebenheit lässt noch stärkere Zweifel an den pädagogischen Fähigkeiten der Lehrkraft aufkommen: Eines der Flüchtlingsmädchen hatte wiederholt keine Hausaufgaben machen können, weil sie ihrer Mutter beim Gelderwerb durch Krabbenpulen helfen musste. Edith Jendrike reagierte in diesem und einigen weiteren Fällen mit einer Strafe für die gesamte Klasse und stellte den darüber murrenden Kindern anheim, doch nach Unterrichtsschluss die Urheberin zur Rechenschaft zu ziehen, was letztlich eine Aufforderung beinhaltete, das Mädchen zu verprügeln. Kollektivstrafe und Aufforderung zum gewaltsamen Strafen eines Kindes durch eine Gruppe, heute Gründe genug, eine solche Lehrkraft fristlos zu entlassen. In deutlicher Erinnerung blieb den damaligen Schülerinnen und Schülern, wie die junge Lehrerin fluchte, wenn sie etwas an die Tafel schreiben musste, was angesichts der Papierknappheit und fehlender Schulbücher sicher in fast jeder Unterrichtsstunde erforderlich war. Dass zwei Mädchen die als Hausaufgaben vorgesehenen Rechenaufgaben nicht nur von der Tafel abschrieben, sondern sie flink sofort nebenher ausrechneten, empörte Edith Jendrike so sehr, dass sie die Mütter zu einem Gespräch in die Schule bestellte. Deren Reaktion dürfte sie nicht zufrieden gestellt haben, denn nachdem die Lehrkraft ihre Beschwerde vorgetragen hatte, soll die eine Mutter, für beide sprechend, dem Gespräch ein sofortiges Ende gesetzt haben mit der Bemerkung, dass sie ein großes Lob für die ausgezeichnete und schnelle Rechenfähigkeiten beider Mädchen gehört habe.

Land der dunklen Wälder[95]

[95] Erzählung der Verfasserin nach den Schilderungen Inge Sarsfield, geborene Jürgensen

Christine Jürgensen erschrak. Es war noch nie passiert, dass ihre Tochter aus dem Unterricht weggelaufen und nach Hause gekommen war. Jeden Morgen hüpfte oder lief sie fröhlich los und freute sich, ihre Freundinnen in der Schule zu treffen und Spaß mit den vielen Kindern zu haben. So war es auch heute morgen gewesen. „Jetzt kann ich alles auswendig", hatte sie noch stolz gesagt und zum wiederholten Male begonnen, das Lied zu singen, das die neue junge Lehrerin den Kindern beigebracht hatte. „Land der dunklen Wälder und der kristallnen Seen. Über weite Felder lichte Wunder gehen." Die getragene Melodie wollte nicht so recht zu ihrer hellen Kinderstimme passen, aber sicher hatte sie den Eltern und Brüdern alle Strophen vorgesungen. „Starke Bauern schreiten hinter Pferd und Pflug. Über Ackerbreiten streicht der Vogelflug." Es war die Hausaufgabe gewesen, den Text auswendig zu lernen. „Und die Meere rauschen den Choral der Zeit. Elche stehn und lauschen in die Ewigkeit."

Ob die Kinder das wohl verstehen konnten, hatte sich Christine Jürgensen noch gefragt. Aber da hatte ihre Tochter schon den vierten Vers beendet und war losgelaufen. „Tag hat angefangen über Haff und Moor. Licht ist aufgegangen, steigt in Ost empor."

„Inge, was ist los? Die Schule ist doch noch nicht aus. Warum bist du nach Hause gekommen?" Die Augen ihrer Tochter funkelten, und sie platzte heraus: „Es ist so gemein. Sie hat gesagt: ‚Hiesige bleiben sitzen. Alle anderen stehen auf und singen.' Ich habe das gar nicht geglaubt und bin aufgestanden. Und dann hat die Jendrike gesagt: ‚Auch du, Inge Jürgensen, bist von hier und bleibst sitzen.' ‚Warum darf ich nicht mitsingen?' habe ich gefragt, aber sie hat gar nicht geantwortet, sondern nur noch gesagt: ‚Setz dich wieder hin!' Und da bin ich gegangen."

Ihre Mutter schüttelte den Kopf. „Das verstehe ich nicht." Sie sah ihre noch immer vor Zorn und Empörung bebende Tochter aufmerksam an. Was hatte Fräulein Jendrike zu diesem Vorgehen bewogen? Auch die Lehrerin gehörte zu den aus Ostpreußen Vertriebenen und hatte erst vor kurzem die Stelle an der Wittdüner Schule angetreten, um den Lehrer Wietasch zu entlasten mit den vielen Kindern. Hatte sie den Flüchtlingskindern etwas Gutes tun wollen und sie das berühmte Lied aus ihrer Heimat allein singen lassen?

Vielleicht weil sie es alle sicher konnten? Oder hatte sie den einheimischen Kindern etwas zeigen wollen? Ganz sicher hatte Fräulein Jendrike nicht mit der Reaktion von Inge gerechnet, die das Singen über alles liebte. Christine Jürgensen sah noch immer das Bild vor sich, wie ihre kleine Maus mit den langen blonden Zöpfen auf den Schultern der BDM-Führerin saß und voller Begeisterung alle Lieder der Gruppe mitschmetterte. Auch von den Abschiedsfesten in der Jugendherberge war schon die Dreijährige nicht wegzubringen.

„Das wird sicher nicht wieder passieren, Inge", sagte sie schließlich etwas unsicher.

Was sollte sie tun? Einem Gespräch mit der jungen Lehrerin fühlte sie sich nicht gewachsen. Zu genau erinnerte sie die Situation vor wenigen Wochen, als sie zusammen mit einer anderen Mutter in die Schule bestellt worden war. Edith Jendrike beschwerte sich, dass Inge und ihre Banknachbarin Elsa Moennichs zwar wie vorgeschrieben die Rechenaufgaben von der Tafel abschrieben, sie jedoch dabei sofort lösten, statt sie erst am Nachmittag als Hausaufgaben zu bearbeiten.

Wie erleichtert und froh war sie da gewesen, dass sie eine der Frauen aus dem Kurhaus an ihrer Seite hatte. Sehr schlagfertig hatte Frau Moennichs eine passende Antwort gefunden und mit einem Lächeln gesagt: „Fräulein Jendrike, Sie könnten uns kein größeres Lob über unsere Töchter sagen. Es ist doch wunderbar, dass die beiden Mädchen so schnell und sicher rechnen können." Damit hatten sie beide der Lehrerin die Hand gereicht und den Raum verlassen.

Schule in den Dünen 1949 Lehrer Wietasch rechts, links ein Musiklehrer (Wanderlehrer)

Die Aufzeichnungen der Jahre 1946 bis 1948 aus der Chronik der Schule Wittdün dokumentieren die Ereignisse aus der Sicht des Lehrers Günter Wietasch. Über die besonderen Lebensumstände der Kinder und Jugendlichen aus dem Kurhaus verliert er darin kein Wort.

Eintragungen in die Schulchronik von Günter Wietasch

1. Juni 1946

Am 14. März 1946 erhielt ich meinen widerruflichen Lehrauftrag für die Volksschule Wittdün. Ich bin am 27.9.1914 in Berlin geboren, verlebte meine Jugend im Rheinland, erhielt hier und in Elbing, Westpreußen, wo ich meine spätere Ehefrau kennenlernte, meine Berufsausbildung an einer Hochschule für Lehrerbildung und wurde nach dem „1. Staatsexamen für das Lehramt an Volksschulen" zunächst in Oberschlesien an der deutsch-polnischen Grenze hinter Gleiwitz eingesetzt. Aus Oberschlesien rief mich der Krieg ab, den ich an verschiedenen Fronten als Marineoffizier mitmachte. Durch den unglücklichen Verlauf des Krieges an einer Rückkehr zu meinem Dienstort gehindert, bewarb ich mich bei der Regierung Schleswig-Holsteins um eine Lehrerstelle, da meine Familie in List auf Sylt nach ihrer Flucht aus dem Osten zunächst ein Asyl gefunden hatte.

12. Juli 46

Heute beginnen die 4-wöchigen Sommerferien, für mich als Landfremdem geht damit die Eingewöhnungsperiode zu Ende. Eigenart der Bewohner und der insularen Lage, Übervölkerung durch Flüchtlingszustrom und Beschränkungen in schulischer Hinsicht schaffen Verhältnisse, an die man sich erst gewöhnen muss, um ihrer Herr zu werden. Noch gibt es weder Bücher noch Schreibpapier. Die Lehr- und Lernmittel der hiesigen Schule sind für das Einklassensystem der Vorkriegszeit berechnet. So bekommen wir z. B. nur fünf Fibeln zugewiesen – bei 45 Anfängern. Ähnlich katastrophal liegen die Verhältnisse auf allen anderen Gebieten. Alte Bücher, Landkarten und ähnliche Dinge mussten im Laufe der Entnazifizierung abgegeben werden. Hinzu kommt die schulische Verwahrlosung der Kinder. 90 % von ihnen haben ein bis zwei Jahre keinen Unterricht genossen. Dazu die Flucht mit ihren nicht für Kinderaugen und -ohren geeigneten Eindrücken, Erlebnisse mit russischer und polnischer Soldateska. Kurz – der Lehrer steht vor einem Trümmerfeld.

Ostern wurden 4 Jungen und 9 Mädchen entlassen, nachdem sie der neu verfügten neunjährigen Schulpflicht genügt hatten. Aus diesen oben angedeuteten Gründen ist ihre innere und äußere Bildung höchst mangelhaft. Ein Junge und ein Mädchen blieben freiwillig ein weiteres Jahr in der Schule.

Am 1. Mai wurde Kollegin Paulsen in ihr Heimatdorf Norddorf versetzt. Nun stehe ich mit 194 Kindern allein da und unterrichte von morgens 8.00 bis abends 18.30 mit zweistündiger Mittagspause – bei der derzeitigen Ernährungslage ein nur auf kurze Zeit tragbarer Zustand. Am 28. Mai trat die Kollegin Jendrike ihren Dienst an.

Handschriftliche Aufzeichnungen des Lehrers Günter Wietasch in der Chronik der Schule Wittdün ab 1. Juni 1946 Kopie der Chronik im Privatarchiv Georg Quedens[96]

[96] Die Schulchronik der Volksschule Wittdün befindet sich laut aktuellem Aktenverzeichnis im Kreisarchiv Nordfriesland in Husum (Bestand Schulen im Kreis Nordfriesland / E-103). Bei meinen dortigen Recherchen im Oktober 2011 allerdings wurde sie mir nicht vorgelegt. Georg Quedens (Norddorf) ist im Besitz einer Kopie, die ich einsehen konnte.

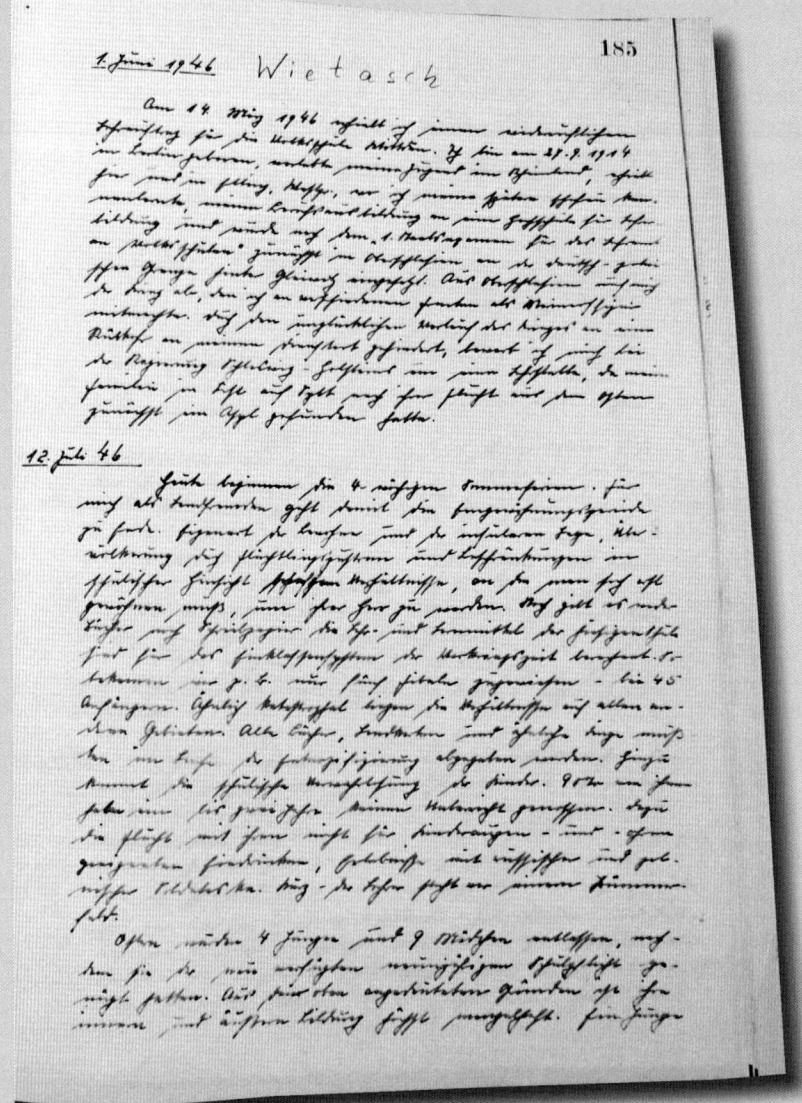

Sie ist Ostflüchtling aus Lemberg und steht also als Landfremde vor den gleichen Schwierigkeiten wie ich.

Im Juni trafen neue Flüchtlinge auf Amrum ein. Sie sind völlig heruntergekommen und gehen buchstäblich in Lumpen. Schuhzeug hat kaum einer von ihnen – eine Folge der jüngeren Ausweisungsmethoden, zu denen sich Polen und Russen bekannt haben. Das „Lenzheim" wurde vom „evangelischen Hilfswerk Schleswig" als Kriegswaisenheim eingerichtet. Es kann bis zu 60 Kindern fassen, die auch zu uns in die Schule kommen. Diese Kinder – alle Altersstufen sind vertreten – stellen den Lehrer von neue Probleme. Alle oder fast alle haben ihre Erlebnisse mit Russen oder Polen hinter sich, sie sind zurückhaltend bis zur Verschlossenheit. Ein Kind ist recht verkommen. Nur Geduld und viel Liebe vermag ihre Abgeschlossenheit zu durchdringen. Am 19. Juni fand die Schuluntersuchung statt. Ein großer Teil der Kinder erhielt die Note „5", also unter Durchschnitt.

7.12.46

Heute beginnen nach einem arbeitsreichen Sommer die Weihnachtsferien. Die Schularbeit hat gezeigt, dass infolge des mangelhaften Unterrichts in den Kriegs- und Nachkriegsjahren die Lücken im Wissen und in der Erziehung der Kinder größer sind als es anfangs schien: Alle Klassen sind in ihrem Wissen um wenigstens ein Jahr zurück. Es war infolge äußerer Umstände – z.T. Raum- und Zeitmangel – nicht möglich, alle Lücken zu schließen. Wir konnten den einzelnen Jahrgängen täglich nur 2 – 3 Std. Unterricht geben. Während der Weihnachtsferien wird im ehemaligen „vaterländischen Kinderheim" eine zweite Schulstube eingerichtet. Erweiterter Unterricht ist die erfreuliche Folge.

Der Kurbetrieb – obwohl in diesem Jahr bei uns offiziell noch nicht erlaubt – hatte in erfreulichem Umfang Gäste und somit Geld in das langsam verarmende Wittdün gebracht. Die Ernährungslage zwang allerdings Hotels, Pensionen und Privatquartiere, ihre Gäste sich selbst verpflegen zu lassen. Große Erleichterung gewährte der im Amrumer Hafen frei verkäufliche Fisch. Fast jedes Haus besitzt eine Räuchertonne, die auch eifrigst von den Kurgästen benutzt wurden.

25.12.46

Am 22. Dezember feierten die in Wittdün untergebrachten Flüchtlinge ihr Weihnachtsfest. Durch Spenden des Kreises und durch Brotmarkenabgaben jedes einzelnen Heimatlosen war es möglich geworden, für jede Person ¼ Pfund Gebäck zu verteilen. Kinder bis zu 14 Jahren erhielten dazu Geschenke. Die Schule hatte zu diesem Zweck zwei Wochen lang Spielzeug gekauft oder repariert. Jungs und Mädchen waren mit Rieseneifer bei der Sache.

7.1.1947

Heute sollten die Ferien beendet sein. Doch da wir seit etwa 14 Tagen durch Eisblockade vom Festland abgeschnitten sind und die Winterbevorratung der Insel versäumt wurde, haben wir nicht ein einziges Brikett und müssen Kohlenferien einschieben. Wir helfen uns, indem wir die Kinder jeden zweiten Tag zur Schule rufen und ihnen Hausaufgaben aufgeben. Hoffentlich tritt bald eine Verbesserung ein, denn auch die Haushaltungen haben kaum noch Brennmaterial.

4.4.1947

Endlich ist die Kraft des Winters gebrochen. Die zurückliegenden Monate brachten für uns alle starke Belastungen mit sich. Die große Not – es gab kein Brennmaterial und nur sehr wenig Anfeuerungsmittel – ließ die allgemeine Moral in erschreckender Weise absinken. Nacht für Nacht wurden Zäune, Hoftüren, Fahnenstangen, das Geländer auf der Wandelbahn u. ä. gestohlen. Eines Tages musste der meistens vor etwa 40 Jahren gepflanzte und heute etwa armstarke Kiefernwald dran glauben. Wie ein Heuschreckenschwarm fielen die Menschen über die Bäume her, und binnen eines Vormittags schauten nur noch armselige Stümpfe aus dem knietiefen Schnee hervor.

Einige Tage konnten die Holzdiebstähle nun aufhören. Fast ebenso schlecht ist die Ernährungslage. Das Schlimmste konnte allerdings verhindert werden, da die nötigsten Nahrungsmittel durch Eisgänger von Föhr herüber geschafft wurden. Nur die Fettversorgung wollte nicht recht in Gang kommen. Flugzeuge der RAF warfen eines Tages Trockenmilch für die Kinder ab – eine notwendig gewordene Maßnahme.

Zweimal konnte sich infolge der günstigen Wind- und Stromverhältnisse der Dampfer nach Amrum durcharbeiten. Er brachte etwas Heizmaterial. Wenn man von Aufrechterhaltung des Verkehrs sprechen darf, so gebührt dieses Verdienst dem Amrumer Rettungsboot „Bremen". Ohne diese Hilfe hätte sich die Lage wohl zur Katastrophe verschärft. Hoffentlich trägt die Erfahrung dieses Winters dazu bei, im nächsten Jahr für eine rechtzeitige Bevorratung zu sorgen.

Ab heute haben wir auch in der Schule wieder geregelte Verhältnisse. Eine dritte Lehrkraft Fräulein Kuhn ist eingetroffen. Mittel- und Oberstufe haben nun Vollunterricht. Nur die ersten vier Jahrgänge müssen noch gekürzt werden.

15.9.47
Eine sehr gut besuchte Saison ist zu Ende gegangen. Alle Hotels, Pensionen und Privathäuser waren bis zum letzten Winkel ausgenutzt. Das gute Sommerwetter brachte den Gästen die gewünschte Erholung und der leeren Gemeindekasse die dringend erforderliche Auffüllung.

4. Advent
Heute feierte die Schule zusammen mit der Dorfgemeinschaft im Kurhaus Weihnachten. Die Kinder hatten mit viel Lust und Liebe ein Hirtensingspiel, ein Weihnachtsmärchen und verschiedene Lieder, Gedichte usw. eingeübt. Zum Schluss gab es vom Weihnachtsmann für jedes Kind 1 großes Weißbrot. Ich glaube sagen zu dürfen, dass die Feier ein Erfolg der Schule war.
Silvester erwachten auch dieses Jahr wieder alte Gebräuche zum Leben. Das „Hulken" fand viele Anhänger, und fast überall konnten die verkleideten kleinen Geister Gebäck u. a. einheimsen.

21.3.48
Der Winter ist kalendermäßig zu Ende. Der Wettergott meinte es diesmal gnädig mit uns. Eis und Schnee gab es nur ganz wenig, so dass die Unzulänglichkeiten der Ernährung, Kleidung und Heizung nicht so spürbar wurden. Am 24. Februar wurde das Hotel „Viktoria" von Flüchtlingen geräumt. Das Dorf kann froh sein. „Viktoria" wurde für 5 Jahre vom Kreis Detmold gepachtet und wird von ihm zu einer Kindererholungsstätte umgebaut. Die Schule verlor dadurch 25 Schüler.

20.03.48
Heute entließ ich 2 Mädchen und 4 Jungs. Die Mädchen wollen zunächst zu Hause bleiben. Die Jungs versuchen, eine Lehrstelle zu bekommen. Die Aussichten sind aber sehr schlecht. Ein Junge bestand an der Friedrich-Paulsen-Schule in Niebüll die Aufnahmeprüfung.

31.12.48

Das Jahr ist zu Ende und mit ihm die gefürchtete Währungsreform überwunden. Tausend Gerüchte über das „Wie" und „Wann" liefen durch die Gemeinde. Jeder fürchtete und hoffte und jeder glaubte, dem Schicksal irgendwie ein Schnippchen schlagen zu können. Schließlich kam alles anders. Die „Kopfquote" (60 neue Deutsche Mark) wurde ausgezahlt. Das Hamstern bestimmter Geld- und Münzwerte war also zwecklos geblieben. Am Vorabend des „Tages X" erinnerte sich plötzlich jeder seiner Schulden. Es wurde bezahlt, bezahlt, bezahlt – und jeder musste das eigentlich schon wertlose Geld annehmen. Mit der „Deutschen Mark" füllten sich auch schlagartig die bisher leeren Schaufenster. Der Verkauf unter der Tonbank hörte auf, aber über der Tonbank klappte er noch nicht recht. Die D-Mark war zu knapp und reichte kaum für das Notwendigste. Das wirkte sich auch auf die Saison aus. Viele Kurgäste mussten plötzlich abreisen. Ein schweres Jahr steht der Gemeinde bevor. – Die Schule ging unbeirrt ihren Weg weiter. Ganz allmählich gibt es wieder Schreibmaterial, das erleichterte die Arbeit und steigerte so die Leistungen. Die Schülerzahl beträgt 130. Unsere Weihnachtsfeier fand wieder allgemein Anklang. Durch Schenkungen war es möglich, allen Schülern eine „bunte Tüte" zu bescheren.

Privatsammlung Inge Sarsfield

Schulweihnachtsfeier im Saal des Kurhauses 1948
Ganz links im Kostüm des Polizisten ist Rudi Hohlfeldt zu sehen, daneben Gerhard
Kloss als Weihnachtsmann, dahinter Brigitte Krähnke und Ilse Kloss, neben ihr in
der hinteren Reihe Inge Paulsen, Ursel Lüders, Rosi Müller, Helga Kohnke (in der
Mitte in Weiß), hinter ihr in der letzten Reihe Fredy Herz, Harald Lüders, Peter
Jürgensen, Oswald Matzen;
rechts neben Helga Kohnke Lothar Jeschke, Inge Jürgensen, Frauke Ide, Marrett Ide,
Jutta Reeps; vor ihr als Schneemann Jan-Udo Wenzel. neben ihm in der vorderen
Reihe von rechts Karl-Heinz Schernewski, Karin Migge, Eveline Gnohs, Gisela
Kohnke, Karin Naeve, Sigrid Jankowski, Christa Jeschke; ganz vorn mit Bart
Dietmar Müller und Volkert Lugge.

5. „Raus aus dem Elend!" – aber wie?

Mit dem Slogan „Raus aus dem Elend!" hatte die SPD die erste Landtagswahl in Schleswig-Holstein am 20. April 1947 gewonnen. Der Landtag versuchte mit einem „Flüchtlingsnotgesetz" die Eingliederung der vielen Not leidenden Flüchtlinge voran zu bringen, indem sie bei Wohnungsversorgung, Existenzgründung und Arbeitsplatzsuche Unterstützung und Bevorzugung erfahren sollten. Eine Ministerpräsidentenkonferenz in München hatte im Juni 1947 vereinbart, Flüchtlinge aus Schleswig-Holstein in den anderen Ländern aufzunehmen, um einen Ausgleich zu schaffen. Doch das „Segeberger Flüchtlingsforum" im Juli 1947, zu dem die Fachminister aller Länder der Bizone (der britischen und amerikanischen Zone) eingeladen waren, verlief ohne Ergebnis.

5.1. Fronten im Kampf um eine Verbesserung der Situation 1947-1949

„Raus aus dem Elend", das wollten in Wittdün alle Beteiligten. Verzweifelt suchten die hier untergebrachten Flüchtlinge nach Arbeit und damit der Möglichkeit, sich wieder eine eigene Existenz zu schaffen, was auf der Insel nur den allerwenigsten gelingen konnte. Die Rückkehr aufs Festland aber war, egal wohin, von Genehmigungen des „Zuzugs" abhängig. Unzählige Hindernisse und viele Enttäuschungen waren zu überwinden, bis endlich ein Weg von der Insel gefunden war. Auf der anderen Seite war auf Amrum der Weg „raus dem Elend" nur durch den Wiederbeginn des Fremdenverkehrs möglich. Begonnen hatte bereits die Räumung großer Häuser, um Kinderheime wieder zu öffnen, galt es doch, den zahllosen tuberkulosekranken Kindern gerade aus den Großstädten wieder eine Heilung an der Nordsee zu ermöglichen. Aber auch alle anderen „Einheimischen" wollten endlich die von Flüchtlingen bewohnten Unterkünfte wieder an Feriengäste vermieten können.

Aufnahme vom Strand aus: Nordseebad Wittdün Postkarte ohne Jahr

Privatsammlung Inge Sarsfield

Die junge Lehrerin Edith Jendrike machte im Sommer 1947 eine böse Erfahrung. Ihre Vermieterin, in deren Haus sie als Flüchtling aus Ostpreußen eingewiesen worden war, bat sie für die Dauer einer Renovierung ihres Zimmers in die Bodenkammer auszuweichen und ließ sie anschließend das Zimmer nicht wieder beziehen, da sie es an Sommergäste vermieten wollte. Jendrikes Beschwerde bei der Gemeindeverwaltung blieb erfolglos, man verwies sie auf den Weg einer Privatklage gegen die Vermieterin, da seinerzeit versehentlich keine Beschlagnahme des Raumes erfolgt war. Zu einer anderweitigen Unterbringung der Lehrerin sah sich die Gemeinde nicht in der Lage.[97]

Ein Brief des Gemeindedirektors an das Kreiswohnungsamt in Niebüll vom Mai 1948 spiegelt die sich zuspitzende Lage deutlich: „Die Gemeindeverwaltung lehnt es ab, noch weitere Flüchtlinge aus Kinderheimen zu nehmen und anderweitig unterzubringen. Wittdün hat seinerzeit die vielen Flüchtlinge bekommen, weil eben alle diese Häuser vorhanden waren. Wenn dieselben nun geräumt werden müssen, ist es kein unbilliges Verlangen, wenn die Flüchtlinge dort untergebracht werden, wo sie keinem Einheimischen die Existenz nehmen und andererseits endlich mal selbst wieder existenzfähig werden. Nachdem nun die Heime Rotes Kreuz und Sonnenschein geräumt sind, wird jetzt die Räumung des Hauses Eckart verlangt, anschließend kommen dann Auler-Kopfermann und Wilmersdorf, die ebenfalls Kinderheime sind und noch über 100 Personen beherbergen. Wir vertreten den Standpunkt, dass bei Räumungen nur noch Abzug von hier in Frage kommen kann, da jede neuerliche Beschlagnahme auf Kosten der Existenz des jeweiligen Hausbesitzers geht. Erst recht bedenklich scheint uns dies im Hinblick auf die zu erwartende Währungsreform. Es wird gewisslich anerkannt, dass das Haus Eckart die von Flüchtlingen belegten Zimmer gebraucht, aber genau so gebraucht jeder einzelne Wittdüner seine Zimmer, weil er genötigt ist, von der Vermietung seiner Zimmer zu leben. – Auch der Standpunkt des Gesundheitsamtes, dass Flüchtlinge in Kinderheimen nicht wohnen dürfen, wird als durchaus richtig anerkannt. Wir sind jedoch der Meinung, dass es nicht vertretbar ist, das Kinderheim Eckart zu schließen, weil in demselben noch eine Flüchtlingsfamilie sitzt. Die Flüchtlinge sind ältere Leute und als anständig und sauber bekannt. Bei der Schließung würde nicht nur die Besitzerin ihre Existenz verlieren, sondern den dort Erholung suchenden Kindern müsste diese versagt werden, ganz zu schweigen von dem Ausfall an Steuern, Verdienst für das Personal, schließlich zwangsläufiger Antrag auf Fürsorgeunterstützung der Besitzerin. Da im kommenden Winter ein Plan, der von anerkannten Ärzten, wir nennen Prof. Dr. Häberlin, unterstützt wird, in die Wirklichkeit umgesetzt werden soll, es sollen durch Vermittlung der Zentralstelle für Kindererholung die Häuser der Gemeinde den Großstädten für die Zeit von Oktober bis April für Kinderheime zur Verfügung gestellt werden, wird das Gesundheitsamt wahrscheinlich eine Belegung aller Häuser, trotzdem Flüchtlinge in denselben sind, zulassen müssen, denn wir können uns nicht denken, dass ein solcher Sozialplan, der der Not unter den Kindern der Großstadt abhilft, an der Belegung mit Flüchtlingen scheitern soll, weisen aber im Hinblick auf diesen Plan darauf hin,

Familienbesitz Alfred Herz

Edith Jendrike

[97] Kreisarchiv Nordfriesland, Bestand Gemeinde Wittdün, D21, 6 Wohnraumbewirtschaftung

In dieser Situation dürfte Edith Jendrike vorübergehend von der mit ihr befreundeten Erna Herz im Kurhaus aufgenommen worden sein. Nach der Erinnerung von Alfred Herz soll sie einige Zeit dort gewohnt haben.

dass wir die Forderung nach Entlastung unseres Bades von Flüchtlingen mehr denn je aufrechterhalten. Wir bitten also zunächst von einer Räumung der Kinderheime abzusehen und von dort aus zu versuchen, dass die Flüchtlinge auch dieser Heime baldigst die Insel verlassen. Wir bitten, nochmals zur Kenntnis zu nehmen, dass es im Interesse einfach aller, ob Land, Kreis oder Gemeinde, Einwohner oder Flüchtlingen liegt, dass die Gemeinde von Flüchtlingen geräumt wird."[98]

[98] Kreisarchiv, D21, 6 Wohnraumbewirtschaftung

Deutlicher noch wird eine „Erklärung" des Gemeindedirektors, die Bezug nimmt auf den Versuch der Deutschen Angestellten Gewerkschaft (DAG) im Mai 1948, ihre Immobilie räumen zu lassen: „Ich erkläre hiermit, dass ich mit allen mir zu Gebote stehenden Mitteln verhindern werde, dass bei einer Inbetriebnahme des Kurhauses und Haus Sonnenschein, oder eines der beiden Häuser, die in den beiden Häusern untergebrachten Flüchtlinge in der Gemeinde untergebracht werden müssen. Es ist mein Bestreben die Räumung in jedem Falle so zu betreiben, dass die Flüchtlinge die Insel verlassen."[99]

[99] Kreisarchiv, D21,6 Wohnraumbewirtschaftung

Wenn schon die offiziellen Vertreter der Gemeinde in amtlichen Schreiben zu solch drastischen Worten greifen, wie mögen dann erst Sticheleien und Wortgefechte im Alltag ausgesehen haben? Vor diesem Hintergrund werden die verzweifelten Anstrengungen einiger Familien im Kurhaus, irgendwo auf dem Festland eine neue Existenz gründen zu können und so die Insel möglichst schnell freiwillig und selbstbestimmt zu verlassen, einmal mehr verständlich.

5.2. Gemeinderatswahlen 1948

Am 24. Oktober 1948 fanden in Schleswig-Holstein Gemeinderatswahlen statt. In der Gemeinde Wittdün gab es zwei Wahlbezirke. Das Wählerverzeichnis[100] von Wittdün-West umfasst die Namen, Geburtsdaten und Anschriften von 207 Wahlberechtigten, von denen 16 nach der aktuellen Überprüfung gestrichen wurden, so dass hier 191 blieben. Im Wahlbezirk Wittdün-Ost, zu dem sowohl das Kurhaus wie die Schule und Jugendherberge gehörten, wurden von 219 Namen 17 ausgestrichen. So konnten also insgesamt 393 Menschen in Wittdün ihre Stimme abgeben. Darunter finden sich 50 wahlberechtigte Erwachsene aus dem Kurhaus, das entspricht mit 12,7 % etwa einem Achtel der Gesamtzahl. Die Namen von Marie, Ernst und Betty Klein waren nach der Überprüfung gestrichen; diese Familie hatte offenbar zwischen der Landtagswahl 1947 und den Vorbereitungen zur Gemeinderatswahl die Insel verlassen können.

[100] Kreisarchiv, D21, 48 Wahlen

Aus der Gemeinschaft im Kurhaus gab es eine Kandidatur: Für die Liste der SPD stellte sich der 1916 in Danzig geborene Heizer und Bauhilfsarbeiter Paul Galau zur Wahl. Der unmittelbare Wahlvorschlag wurde eingereicht mit den erforderlichen 25 Unterschriften von Unterstützern, bis auf drei waren es Menschen aus dem Kurhaus. Auch zwei der Brüder von Hildegard Hohlfeldt sowie Martha Hirschberg und Willi Wendt gehörten zu den Unterzeichnern. Mit der Wahl Paul Galaus war dann auch im neuen Gemeinderat eine deutliche Stimme der Kurhaus-Gemeinschaft vertreten.

Zum neuen Bürgermeister Wittdüns wurde Wilhelm Figge gewählt, der kurz darauf die Ehe mit Frieda Freund aus dem Kurhaus schloss. Würde es nun bergauf gehen?

6. „Leben im Wartesaal"[101]

6.1. Betreuung der jüdischen Gemeinschaft Wittdün durch Dr. Ernst Löwenthal

Die Menschen im Kurhaus rückten als Jüdische Gemeinschaft 1947/48 in den Blick von Dr. Ernst G. Löwenthal, Senior Field Representative Germany der Jewish Relief Unit. Er war im Düsseldorfer Büro der JRU für die Betreuung der jüdischen Gemeinden zuständig.[102] Löwenthal war 1939 aus Berlin nach London geflüchtet; er verlor alle seine Angehörigen im Holocaust.

[101] Titel einer Veröffentlichung über das Exil in Shanghai 1938-1947, Schriften des Jüdischen Museums, Berlin 1997 Auch die Veröffentlichung von Königseder und Wetzel „Lebensmut im Wartesaal" (a.a.O.) greift das Bild des Wartesaals für die DP-Lager auf.

[102] Dr. Ernst G. Löwenthal (Schreibweise in den englischen Unterlagen Loewenthal oder Lowenthal) arbeitete von einem Büro der Jewish Relief Units in der Volksgartenstraße in Düsseldorf aus. Das Hauptquartier befand sich bis 1949 in Eilshausen, danach in Hannover.

> **(1) Wittdün (Amrum): Jüdisches Gemeinschaftslager.**
>
> There are at present 43 Jews (14 of German origin), i.e. 7 men, 16 women, and 20 children (5 below the age of 6, 15 of school age), all former Danzig people who left that town after its occupation by the Russians. Since, in their majority, the adults are partners of so-called privileged mixed marriages they were fortunate enough not to be taken to Nazi concentration camps.
>
> These 43 have been at Wittdün for more than two years. They live in the old-fashioned Kurhaus built about 50 years ago, each family occupying one or two rooms as the case may be. Long ago they gave up communal feeding, and by and by camp life has been replaced by more privacy. This fact appears to have made it possible that people, apt to quarreling and, in many respects, cut off from the mainland and, by that, to a certain degree from the outside world, can endure a rather dull and lazy life - because none of them is properly employed (though perhaps at times gainfully occupied).
>
> But from the talks I had with at least 12 grown-ups at night it transpired that a few, who are able to do a proper job, are anxious to find work in their respective trades which, mainly on account of their geographical situation, they have difficulties to obtain. There is one boat a day on five days per week, in winter time even less.
>
> The tend towards emigration is negligible.
>
> There are no cases of serious illnesses. A non-Jewish local doctor is available.
>
> Questions raised during my Consulting Hours concerned search, economic rehabilitation, convalescence, contact with the outside world, supply of clothing.
>
> Already on the boat I had a long conversation with the chairman, Herr Willi Wendt, who with two other men forms some sort of Board. One of them is a member of the local German village council.
>
> The house is administered comparatively well, it is self-governed, and I gained the impression that Wendt does, in the circumstances, his best for a smooth running of whatever communal work has to be done. Jewish Welfare, Kiel, which has functions similar to those of Landesverbände in other Länder, makes a monthly grant of RM 100,— towards the administrative expenses.
>
> In view of the structure of the Wittdün group the lack of interest in general Jewish affairs cannot be surprising.
>
> Joint allocations are regularly received from Kiel, and their distribution does not cause any major difficulties.
>
> In my view the stay of these 43 people on the island will in a long run be impossible though it will be beneficial to the many children.

Bericht von Dr. E. G. Löwenthal über seinen ersten Besuch in Wittdün im April 1948

Im April 1948 machte Löwenthal erstmals eine einwöchige Rundreise durch Schleswig-Holstein und besuchte auch die Jüdische Gemeinschaft in Wittdün. Sein ausführlicher Bericht vom 27. April 1948 besagt sinngemäß übersetzt folgendes: „Zur Zeit leben dort 43 Juden (7 Männer, 16 Frauen und 20 Kinder (5 unter 6 Jahre alt, 15 schulpflichtig). Es sind alles Menschen aus Danzig, die die Stadt nach der Besetzung durch die Russen verlassen haben. In ihrer Mehrheit sind die Erwachsenen Partner sogenannter privilegierter Mischehen gewesen, die dadurch das Glück hatten, nicht in die Nazi-Konzentrationslager gebracht worden zu sein. Diese 43 sind nun seit mehr als zwei Jahren in Wittdün. Sie leben im altmodischen, vor mehr als fünfzig Jahren erbauten Kurhaus, wo jede Familie ein oder zwei Räume belegt. Gemeinschaftsverpflegung haben sie seit langem aufgegeben, und nach und nach wurde das Lagerleben durch mehr Privatleben ersetzt. Dadurch scheint es möglich zu sein, dass Menschen, die geneigt sind, sich zu streiten, und die vom Festland getrennt und daher in gewisser Weise auch von der Außenwelt abgeschnitten sind, ein ziemlich langweiliges und faules Leben aushalten können, da keiner von ihnen eine richtige Arbeit hat, höchstens vielleicht zeitweilig gegen Entgelt beschäftigt ist. Aber aus den Gesprächen, die ich mit mindestens 12 Erwachsenen am Abend führte, ging hervor, dass einige, die in der Lage sind, eine richtige Arbeit auszuüben, auch bestrebt sind, Arbeit in ihren gelernten Berufen zu finden, was hauptsächlich aufgrund ihrer geographischen Situation schwierig ist. Es fährt nur ein Schiff täglich an den fünf Werktagen, im Winter noch weniger. Absichten auszuwandern sind kaum vorhanden.

Ernsthafte Krankheitsfälle liegen nicht vor. Im Ort gibt es einen nicht jüdischen Arzt. Während meiner Sprechzeiten tauchten folgende Fragen auf: Suche nach Angehörigen, wirtschaftliche Wiedergutmachung, Erholung, Kontakt zur Außenwelt, Bedarf an Kleidung.

Schon auf dem Schiff führte ich ein langes Gespräch mit dem Vorsitzenden der Gemeinschaft, Herrn Willi Wendt, der mit zwei weiteren Männern eine Art Vorstand bildet. Einer von denen ist Mitglied im örtlichen deutschen Gemeinderat.[103]

Das Haus ist vergleichsweise gut geführt, es ist selbst verwaltet, und ich habe den Eindruck gewonnen, dass Wendt unter den Umständen sein Bestes gibt, was für ein reibungsloses Laufen der Arbeit in der Gemeinschaft getan werden kann. Die Jüdische Wohlfahrtspflege in Kiel, die vergleichbare Aufgaben der Landesverbände anderer Länder hat, gibt eine monatliche Aufwandsentschädigung von 100 Reichsmark zu den Verwaltungskosten. Im Hinblick auf die Struktur der Gruppe in Wittdün kann der Mangel an Interesse an allgemeinen jüdischen Angelegenheiten nicht überraschen. Die rationierte Zuteilung vom Joint kommt regelmäßig aus Kiel, ihre Verteilung bereitet keine größeren Schwierigkeiten. Meiner Ansicht nach wird ein Verbleib der 43 Menschen auf der Insel auf Dauer unmöglich sein, obwohl für die vielen Kinder segensreich."[104]

Den vielen fußballbegeisterten Jungen im Kurhaus dürfte dieser erste Besuch von Dr. Löwenthal im April 1948 in besonderer Erinnerung geblieben sein, denn kurz darauf traf am 3. Mai ein Geschenk für sie auf der Insel ein.

[103] Damit dürfte Paul Galau gemeint sein.

[104] Bericht Löwenthal, sinngemäß übersetzt aus dem Englischen. Wiener Library, HA7/6-25

Willi Wendt schrieb umgehend an Dr. Löwenthal: „Heute traf hier der fabelhafte Fußball per Post ein und sage ich Ihnen im Namen unserer Gemeinschaft den herzlichsten Dank dafür. Ohne Ihre Liebenswürdigkeit wäre es für uns unmöglich, je einen solch erstklassigen Ball anzuschaffen und werden wir, besonders aber auch unsere Kinder, Ihnen stets äußerst dankbar dafür sein."[105]

Jüdisches
Gemeinschaftslager
Kurhaus Wittdün auf Amrum
Telefon: Nebel 117

HA7/6-25/4

7 MAY 1948
Wittdün/Amrum d.3.5.48.

Lieber Herr Dr. Löwenthal!

Heute traf hier der fabelhafte Fussball per Post ein und sage ich Ihnen im Namen unserer Gemeinschaft den herzlichsten Dank dafür. Ohne Ihre Liebenswürdigkeit wäre es für uns unmöglich je einen solch' erstklassigen Ball anzuschaffen und werden wir, besonders aber auch unsere Kinder Ihnen stets äusserst dankbar dafür sein.

Empfangen Sie nochmals unseren herzlichsten Dank und viele Grüsse.

Ihr
Willi Wendt

Jüdische Gemeinschaft
Wittdün/Amrum

[105] Karte von Willi Wendt an Dr. Löwenthal vom 3.5.1948

Dank für den Fußball,
Schreiben aus
dem Kurhaus an
Dr. Löwenthal,
Mai 1948

Wenige Tage später kamen außerdem zwölf Lehrbücher für den Anfangsunterricht in Englisch per Post im Kurhaus an, auf Wunsch der Gemeinschaft von Dr. Löwenthal veranlasst. Dass Löwenthal die Menschen im Kurhaus am Herzen lagen, zeigte sich vor allem darin, wie er sich nicht nur um die Zusendung von Hilfsgütern, sondern auch um spezielle Hilfen und persönlichen Anliegen kümmerte, so die Beschaffung von Glucose für den Apotheker Herbert Bäcker und die Suche nach Angehörigen. Dora Jurczik hatte sich an ihn gewandt in größter Sorge um das Schicksal ihrer Mutter Rebekka Feibel, geborene Holstein, die 1942 aus dem Jüdischen Altersheim in Danzig nach Theresienstadt deportiert worden war. Ihre Frage leitete Dr. Löwenthal weiter an das Suchbüro des Jüdischen Weltkongresses.[106]

[106] Das Gedenkbuch des Bundesarchivs macht folgende Angaben: Feibel, Rebekka, geboren am 17. Dezember 1872 in Groß Lichtenau / Marienburg / Westpreußen, wohnhaft in Danzig, Deportationsziel: ab Danzig 09./10.12.1942, Theresienstadt, Ghetto, 18. Dezember 1943, Auschwitz, Vernichtungslager

January 27, 1949

M e m o r a n d u m

Re.: Dora Jurczik, Wittdün.   3 1 JAN 1949
EG~/~S/1730.

The above-named called on me during Consulting hours held at Wittdün on the 12th inst.

She is most anxious to trace her mother, Frau Rebekka Feibel nee Holstein, born at Gross-Lichtenau, Freistaat Danzig, on 17.12.1871. The last known address was: Jüdisches Altersheim, 22, Milchkannagasse, Danzig. In December 1942, she was deported to Terezin. The last news from her was received in 1942.

To be taken up with World Jewish Congress, Tracing Bureau.

E.G. Löwenthal

Aktennotiz von
Dr. Löwenthal über ein
Gespräch mit Dora
Jurczik, 27.1.1949

107 „Als Hachschara (hebräisch „Vorbereitung, Tauglichmachung") wurde die systematische Vorbereitung von Juden auf die Alija bezeichnet, d. h. für die Besiedlung Palästinas vor allem in den 1920er und 1930er Jahren. Ideologische Grundlage für dieses Programm war der Zionismus, getragen und propagiert wurde sie von der jüdischen Jugendbewegung, und hier vor allem von den beiden Dachverbänden Hechaluz und Bachad. Meist fanden Hachschara-Kurse auf landwirtschaftlichen Gütern statt. Eine Gruppe von Auswanderungswilligen lernte dort gemeinsam, was für den Aufbau eines Gemeinwesens in Palästina notwendig erschien. Die häufig aus bürgerlichen Umgebungen stammenden jungen Menschen erwarben vor allem gärtnerische, land- und hauswirtschaftliche sowie handwerkliche Fertigkeiten und lernten Iwrit, das moderne Hebräisch. In der weiteren Entwicklung der Hachschara galt zunehmend auch die Schaffung einer jüdischen Identität als wichtige Aufgabe. Dazu gehörte auch, die jüdischen Feste zu feiern, jüdische Geschichte und Literatur kennenzulernen. Leben und Arbeiten im Kollektiv sollten dabei die kulturellen Grundlagen für die neue Existenz in Palästina schaffen." (Zitat Wikipedia)

Die Suche Hermann Feibels nach Verwandten und Freunden, die auf dem Weg nach Palästina auf Mauritius interniert worden waren, legte er der jüdischen Organisation Irgun vor. Sicher war es auch Löwenthals Idee, Hermann Feibel im „Aufbau", der deutschsprachigen jüdischen New Yorker Zeitung, ein kleines Inserat schalten zu lassen, dass er Auskünfte über deportierte Juden aus Danzig geben könne. Komplizierter war die Suche Heinrich Borchheims nach seiner Schwester und seinem Bruder. Sein Bruder Fritz war ab 1936 in verschiedenen Hachschara-Einrichtungen[107] in Berlin und in der Tschechoslowakei. Er konnte nach Palästina entkommen und arbeitete dort in einem landwirtschaftlichen Kibbuz. Auch hier erging eine Anfrage an die Irgun, die allerdings ohne Erfolg blieb. Borchheims Schwester Betty hingegen war 1935 aus Berlin nach Istanbul geflüchtet, wo sie als Assistentin des Astronomieprofessors Erwin Freundlich arbeitete, der aus Istanbul in die Tschechoslowakei ging und von dort nach der deutschen Besatzung erneut flüchten konnte, nach Uruguay. Bei einer Organisation jüdischer Flüchtlinge in Uruguay könnte es Hinweise auf Freundlich geben, so die Idee Löwenthals, und tatsächlich kam nach einiger Zeit die traurige Nachricht aus Montevideo, dass Borchheims Schwester dort verstorben und begraben sei.

Im Januar 1949 machte Dr. Löwenthal mit seinem Team eine zweite Rundreise durch Schleswig-Holstein und besuchte außer den jüdischen Gemeinden in den Städten wiederum die Gemeinschaft in Wittdün. Sein neuerlicher Bericht[108] sollte die bisherigen Angaben ergänzen und lässt erkennen, dass er einen sehr genauen Blick für die Probleme hatte und persönlich Anteil an der schwierigen Situation der Menschen aus Danzig nahm.

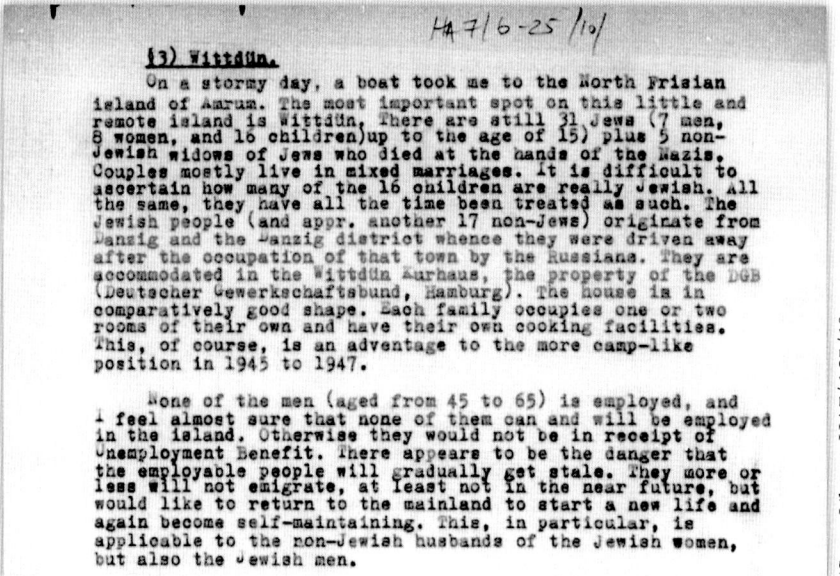

Wiener Library, HA7/6-25/10

Bericht von Dr. E. Löwenthal über den zweiten Besuch in Wittdün im Januar 1949

„An einem stürmischen Tag brachte mich ein Schiff auf die nordfriesische Insel Amrum. Der wichtigste Ort auf dieser kleinen abgelegenen Insel ist Wittdün. Dort sind noch immer 31 Juden (7 Männer, 8 Frauen und 16 Kinder bis 15 Jahre) sowie 5 nicht-jüdische Witwen von Juden, die durch die Hand der Nazis umgekommen sind.[109] Die meisten Paare leben in gemischter Ehe. Es ist schwierig zu sagen, wie viele der 16 Kinder wirklich jüdisch sind. Allerdings sind sie die ganze Zeit als solche behandelt worden. Die jüdischen Menschen und etwa 17 weitere nicht-jüdische stammen aus Danzig und Umgebung, von wo aus sie nach der Besetzung der Stadt durch die Russen vertrieben wurden. Sie sind untergebracht im Wittdüner Kurhaus, dem Eigentum des DGB (Deutscher Gewerkschaftsbund, Hamburg).[110] Das Haus ist in vergleichsweise gutem Zustand. Jede Familie belegt ein oder zwei eigene Räume, und sie hat ihre eigene Kochmöglichkeit. Dies ist natürlich ein Fortschritt gegenüber der eher lagerartigen Situation von 1945-1947.

Keiner der Männer im Alter zwischen 45 und 65 Jahren hat Arbeit, und ich bin mir fast sicher, dass keiner von ihnen auf der Insel Arbeit finden kann und wird. Sonst würden sie keine Unterstützung der Arbeitslosenversicherung erhalten. Es scheint die Gefahr zu bestehen, dass die arbeitsfähigen Leute allmählich völlig resignieren. Auswandern wollen sie mehr oder weniger nicht, jedenfalls nicht in naher Zukunft, aber sie möchten gern auf das Festland zurück kehren, um ein neues Leben zu beginnen und wieder selbständig zu werden. Dies gilt besonders für die nicht-jüdischen Ehemänner der jüdischen Frauen, aber auch für die jüdischen Männer.

Der Leiter dieser isolierten Gemeinschaft, die sich aus einer eigenartigen Mischung ziemlich einfacher und wenig ausgebildeter Menschen zusammensetzt, ist Herr Willi Wendt, der sich um alle Angelegenheiten der Mitglieder dieser Gemeinschaft kümmert und trotz allen guten Bemühens niemals alle ihre Wünsche erfüllen kann. Seit längerem schon sucht er nach einer Möglichkeit, aufs Festland zu kommen, und wir haben ihn dabei von Düsseldorf aus geleitet und beraten. Bei meinem jetzigen Besuch habe ich erneut mit ihm über seine Pläne gesprochen, habe ihn mit nach Flensburg genommen und später über seinen Fall mit Salomon in Kiel gesprochen. Wendts Fall könnte maßgebend für die Lage der übrigen sein. Er muss um einen Arbeitsplatz kämpfen, um eine Unterkunft und möglicherweise um eine Zuzugsgenehmigung in eine Stadt. Ich glaube, wenn Wendt dies gelingt, werden die anderen nach und nach versuchen, seinem Beispiel zu folgen. In Wittdün entsteht das ernste und dringende Problem, dass eine aufbauende wirtschaftliche Wiedereingliederung erfolgen muss.

Die Kinder gehen in die Dorfschule. Sie haben niemals irgendeine religiöse Erziehung genossen, was wahrscheinlich vor allem daran liegt, dass ihre Eltern in gemischten Ehen leben. Diese Angelegenheit will ich mit Rabbi Broch besprechen, der eine Kopie dieses Berichts erhält.[111] Die ganze Gruppe in Wittdün hat meiner Meinung nach niemals dem Judentum nahe gestanden noch jüdischen Angelegenheiten im allgemeinen; ginge es nicht um die Unterstützung des Joint, hätten sie sich völlig von allem Jüdischen losgesagt.

[108] Wiener Library, HA7/6-25 /10 / sinngemäß übersetzt aus dem Englischen

[109] Folgende Namen sind in der neuen Liste derer, die vom Joint unterstützt werden, nicht mehr enthalten: Sara Strehlke und ihre Tochter Renate, Betty Klein mit ihren Kindern Dieter und Gisela, Rosa Suckau.

[110] Wiener Library, HA7/6-25/7 Einem Schreiben Willi Wendts vom 17.1.1949 zufolge hatte die Deutsche Angestellten Gewerkschaft als Rechtsnachfolger des Gewerkschaftsbundes der Angestellten das Kurhaus einschließlich Inventar von der Vermögensverwaltung der Militärregierung gepachtet, „in der Hoffnung, dasselbe auf Grund der Wiedergutmachung als Besitz zu erhalten".

[111] HA 7/6-25/8 Unmittelbar nach seiner Rückkehr nach Düsseldorf bittet E.G. Löwenthal den Hamburger Rabbiner nicht nur um einige Bücher über biblische und jüdische Geschichte für die Kinder in Wittdün, sondern auch um einen persönlichen Besuch bei der Jüdischen Gemeinde in Wittdün. HA7/6-25/13 Im März 1949 schickt Löwenthal außerdem „sechs Bücher jüdischen und allgemeinen Inhalts" nach Amrum. „Sämtliche Bücher sind Stiftungen von ehemals in Deutschland ansässig gewesenen Juden in England."

Trotz allem gibt es keinen Grund für uns, die Gruppe in Wittdün zu vernachlässigen.

Ich habe einige Kleidung beim Hauptquartier bestellt und bereits einige zusätzliche Unterstützungsleistungen auf die Insel geschickt.[112] Darüber hinaus werde ich mich um eine Reihe individueller Probleme kümmern (Beschäftigung, Medikamente, Auswanderung, Religionsbücher etc.).

Bezüglich der neuen Regelungen für die Verteilung der Joint Lieferungen (Kürzung um 50 %) will Wendt in Kiel beantragen, Wittdün als „Notstandsgebiet" zu betrachten. Ich bezweifle, dass diese Anforderung gerechtfertigt ist.

Während meiner Sprechzeiten im Kurhaus zeigten sich in den Gesprächen mit zehn der fünfzehn Erwachsenen sehr unterschiedliche Probleme."

[112] Wiener Library, HA7/6-25/9

Verteilung der durch die Jewish Relief Unit übersandten Sachen.

	Haar-nadel	Käm-me	Sham-poo	Spie-gel	Pu-der	Zahn-bürs.	Ras.-appar.	R.Klin-gen	R.Pin-sel	R.Cre-me
Amrum:	1 P.	10	6	12	--	12	7	144	3	3
Flensburg:	--	10	4	--	--	12	7	84	3	3
Eckernförde:	--	--	2	--	--	9	7	84	3	1
Eutin:	--	15	2	--	--	12	4	60	4	4
Friedrich-stadt:	--	--	-	--	-	--	3	36	2	-
Neumünster:	--	--	-	--	-	-	4	48	2	-
Kiel:	--	--	10	--	24	--	16	264	7	-
insgesamt:	1 P.	35	24	12	24	45	48	720	24	11

	Sal-be	Äs-per.	Dek-ken	Hef-te	Blei-stift	Schuh-creme	Schuh-bänder	Stopf-garn	Knö-pfe	Strick-nadeln
Amrum:	10	2	5	20	36	12	12	12	--	--
Flensburg:	10	2	3	7	36	12	12	12	--	--
Eckernförde:	10	1	-	--	36	6	12	12	--	--
Eutin:	10	2	-	--	36	6	12	12	--	--
Friedrichst.:	6	-	-		24	3	--	--	--	--
Neumünster:	3	-	-		24	9	--	--	--	--
Kiel:	--	2	2	9	96	20	24	6	288	12
insgesamt:	49	9	10	36	288	68	72	54	288	12

Verteilung der knappen Hilfsgüter im Juni 1948

- 2 -

Wiener Library, HA7/6-17/39/E

Ob Löwenthals Einschätzung, dass die Kürzung der Lebensmittelversorgung durch den Joint kein Problem für die Menschen im Kurhaus darstellen würde, richtig war, lässt sich nicht beurteilen. Wie groß die Not noch immer war, wird an anderer Stelle deutlich:

Am 21. Januar 1949 teilt Lowenthal mit, dass ein „Wertpaket" mit folgendem Inhalt nach Amrum unterwegs ist: „2 Gummi-Warmwasserflaschen, 2 Büchsen Vim, 36 Tuben Zahnpasta, 2 Bund Schnürriemen, 6 Stück Seife, 6 Kämme, 20 Bleistifte, 40 Rasierklingen, 10 Zahnbürsten, 2 Shampoo, 8 Schreibhefte, 10 Dosen Schuhcreme. Diese Quantitäten reichen naturgemäß nicht für alle Ihre Mitglieder aus, und es wird an Ihnen liegen, den bedürftigsten Menschen Ihrer Gemeinschaft das, was sie am meisten notwendig haben, aus diesem Bestand zu geben. Auf jeden Fall bitte ich um Ihre Empfangsbestätigung. Im übrigen bemühe ich mich um einige Kleidungsstücke und Hüte für Männer, aber damit werden Sie sich ein bisschen gedulden müssen. Ich verliere die Sache nicht aus den Augen."[113]

[113] Wiener Library, HA7/6-25/9

Im Frühjahr 1949 beendete Dr. Löwenthal seine Arbeit für die Jewish Relief Units, und Dr. E. Heymann übernahm seine Aufgaben.

HA7/6-25/18/

Aufstellung der sozialbedürftigen Personen der Jüdischen – Gemeinschaft Wittdün, die dringend Bekleidung benötigen!

Männer:

Name:	Schuh-grösse:	Statur: Grösse:	Figur:	besonders dringend:
Herbert Bäcker	43	mittel	schlank	Schuhe u.Hosen
Heinrich Borchheim	42	"	"	"
Hermann Segall	41	"	"	"
Georg Feibel	39	klein	schlank	"
Hermann Feibel	39	"	"	"
Julius Herz	40	mittel	mittel	"
Willi Wendt	45	gross	"	"

Frauen:

Name	Schuh-grösse	Statur	Figur	besonders dringend
Dora Jurczik	37	klein	schlank	Schuhe u. Kleid
Paula Galau	37	"	dick	"
Ruth Moennichs	36	"	mittel	"
Lene Lauterwald	39	mittel	schlank	"
Gertrud Gnoss	37	"	"	"
Hilde Moennichs	38	" "	"	"
Perla Semmelroth	38	mittel	dick	"

Knaben:

Name:	Schuh-grösse:	Alter:
Jürgen Jurczik	34	9
Helmuth Jurczik	32	7
Manfred Jurczik	23	2
Hermann Galau	33	11
Horst Galau	35	12
Hermann Moennichs	35	12
Hans Semmelroth	42	17
Alfred Herz	36	14

Mädchen:

Name:	Schuh-grösse:	Alter:
Grete Jurczik	37	15
Helga Jurczik	34	12
Erika Galau	31	9
Edith Lauterwald	39	17
Elsa Moennichs	37	14
Anni Moennichs	35	15
Ilse Herz	37	15

Wittdün/Amrum, di 20.6.49.

Jüdische Gemeinschaft
Wittdün/Amrum

Liste mit Kleidungsbedarf der Menschen im Kurhaus, Juni 1949

Im Juni 1949 erstellt Wendt eine Übersicht der 29 „sozial bedürftigen Mitglieder der Jüdischen Gemeinschaft Wittdün / Amrum, die dringend Bekleidung benötigen" und gibt deren Schuhgrößen an[114]. Seine Angaben werden genau geprüft, und E. Heyman schickt die Liste zurück mit der Anmerkung: „Mir fällt z. B. auf, dass Sie die Kinder Elsa, Hermann und Anni Mönnichs aufführen. Ich nehme an, dass das die Kinder von Herrn Mönnichs sind, der sich jetzt in Düsseldorf befindet. Seine Tochter, die mich seinerzeit hier aufsuchte, sagte mir, dass sie Nichtjüdin ist. So gern ich in solchen Fällen Rat erteile, sehe ich mich trotzdem nicht in der Lage, da ich in diesen Dingen als Treuhänder auftrete und an meine Weisungen gebunden bin, Sammlungen, die von Juden <u>für</u> Juden gemacht worden sind, abweichend von diesem Zweck zu verwenden. Ich bin daher nur in der Lage, Kleidungsstücke an solche Personen zu verteilen, die der jüdischen Gemeinschaft angehören."[115]

Hierauf konnte Willi Wendt gelassen reagieren und teilte „höflichst mit, dass die listenmäßig aufgeführten Männer, Frauen und Kinder sämtlich der jüdischen Gemeinschaft angehören, während dieses bei Frl. Moennichs – Düsseldorf nicht der Fall ist." Er wies auf den dringenden Bedarf an Ober- und Unterbekleidung sowie Schuhen aller Personen hin. Wie penibel die Verteilung der Hilfsgüter erfolgte, zeigt auch eine von Heinz Salomon zusammengestellte Übersicht aus dem Juni 1948. Nach Amrum waren gegangen: 12 x Waschpulver, 12 Fingerhüte, 1 Warmwasserflasche, 1 P. Haarnadeln, 10 Kämme, 6 x Shampoo, 12 Spiegel, 12 Zahnbürsten, 7 Rasierapparate, 144 Rasierklingen, 3 Rasierpinsel, 3x Rasiercreme, 10 Tuben Salbe, 2x Aspirin, 5 Decken, 20 Hefte, 36 Bleistifte, 12 x Schuhcreme, 12 x Schuhbänder, 12 x Stopfgarn. Stricknadeln und Knöpfe dagegen kamen nicht nach Amrum, sie wurden in Kiel benötigt.

6.2. Keine Chance für Willi Wendt

Für einige Familien setzten sich Löwenthal und Heymann in ganz besonderem Maße ein, um ihnen zu helfen, eine neue Existenz aufzubauen. Vor allem das Beispiel von Willi Wendt und seiner Familie zeigt, wie schwierig, langwierig und letztlich aussichtslos die Suche nach einem Arbeitsplatz sich von Amrum aus gestaltete.[116]

Gleich nach dem ersten Besuch Löwenthals auf Amrum schrieb ihm am 3. Juni 1948 der in allen Berichten mehrfach genannte Vorsitzende der Lagergemeinschaft Willi Wendt einen ersten Brief in eigener Sache. Darin heißt es: „Lieber Herr Dr. Löwenthal! Sie waren mir gegenüber so voller Liebenswürdigkeit und hatten so großes Verständnis für meine Existenzsorgen, dass ich es wage, zu Ihnen mit einer großen Bitte zu kommen. Vielleicht ist es Ihnen möglich, in ihrem großen Bekanntenkreis etwas Passendes für mich zu finden. Ich dachte hierbei in erster Linie an Behörden, Verwaltungen, Polizei oder Heim und Lagerverwaltungen..."[117]

Wendt berichtete, dass er sich außerdem an Heinz Salomon in Kiel mit der Bitte um Hilfe gewandt habe.

Die Antwort Ernst Löwenthals vom 19. Mai 1948 ist freundlich: „Ich verstehe Ihre Existenzsorgen und Berufswünsche sehr wohl, und ich möchte Sie versichern, dass ich unser Gespräch auf dem Dampfer, das sich auch auf ihre privaten Dinge bezog, nicht vergessen werde. Es ist auf jeden Fall gut, dass Sie inzwischen mit Herrn Salomon in Kiel Rücksprache genommen haben. Nach Lage der Dinge müssen Sie aber gewärtig sein, dass das Finden einer Stelle oder einer Beschäftigung, wie sie Ihnen vorschwebt, gewiss einige Zeit dauern wird. Ich werde gern meine Augen offen halten und Ihnen wieder schreiben, sobald ich von einem „job" höre…"[118]

[118] Wiener Library HA12-//6/EVI-6-1

Willi Wendt
Wittdün/Amrum.Kurhaus.

L e b e n s l a u f !

Ich bin am 21.5.04.in Danzig als Sohn des jüdischen Ehepaares
Rudolf Wendt und Minna Wendt geb.Markus geboren und bin als
Jude erzogen und aufgewachsen.
Nach Schulabschluss erlernte ich den Kaufmannsberuf im Möbel-
geschäft meines Vaters und wurde in sämtlichen Abteilungen der
Firma gründlich ausgebildet.Später heiratete ich und wurde
Mitinhaber unseres Unternehmens.
Durch den Boykott des Naziregimes wurde mein Geschäft allmäh-
lich lahmgelegt und dann zwangsweise geschlossen.Ich durfte
nicht mehr in meinem Beruf tätig sein,sondern musste unterge-
ordnete Arbeiten als Chauffeur und Arbeiter ausführen.Nach der
Besetzung Danzigs durch die Russen,erhielt ich eine Anstellung
als technischer Leiter beim Jüdischen Komitee in Danzig-Langfuhr.
Im Oktober 1945 schloss ich mich einem Transport nach Deutschland an und wurde ehrenamtlicher Leiter des Jüd.Gemeinschafts-
lagers Wittdün/Amrum.
Ich hoffe,da die Insel keinerlei Existenzmöglichkeiten bietet,
baldigst auf dem Festlande eine Anstellung zu erhalten.

Lebenslauf
Willi Wendt

Dass er als Soldat in Frankreich eingesetzt war, erwähnt Willi Wendt in seinem Lebenslauf nicht. In Danzig hatte die Familie in wohlhabenden Verhältnissen gelebt und eine komfortable Wohnung am Theaterplatz 30 bewohnt; das „Möbelhaus Gebrüder Wendt" befand sich am 3. Damm 15/16.[119] Zwei Monate nach dem ersten Brief teilte Willi Wendt in einem nächsten, sehr euphorisch klingenden Schreiben Dr. Löwenthal mit, dass ihm die Deutsche Angestellten Gewerkschaft eine Stelle als Möbeleinkäufer in Aussicht gestellt habe.

[119] Adressbuch Danzig 1942

Die DAG hatte als Rechtsnachfolgerin des Gewerkschaftsbundes der Angestellten inzwischen deren Immobilien und darunter das Kurhaus auf Amrum in Besitz nehmen können. „Endlich scheinen meine Bemühungen von Erfolg gekrönt und kann ich eine fabelhafte Existenz in Hamburg erhalten. Dieselbe ist allerdings von der Zuzugsgenehmigung für mich, Frau und Kind abhängig."[120]

Umgehend wandte sich Dr. Löwenthal an das Hamburger Wohnungsamt und wies auf die besondere Dringlichkeit des Falles dieses ehemals Verfolgten hin. Trotz eines außerdem vorliegenden Schreibens der Deutschen Angestellten Gewerkschaft wurde der Zuzug Willi Wendts in die zerstörte Stadt abgelehnt, was der Betroffene offenbar nicht von der Behörde selbst erfuhr, sondern vom ersten Vorsitzenden der DAG Wilhelm Dörr bei dessen nächstem Besuch auf Amrum. Dörr machte Wendt erneut Mut, ein zweiter Versuch mit dem Hinweis auf eine Spezialaufgabe, die Wendt für die DAG übernehmen solle, würde sicher die Wohnungsbehörde überzeugen. So bat Wendt auch Löwenthal um eine erneute entsprechende Eingabe. Dieser wies darauf hin, dass möglicherweise erst der Nachweis eines Wohnraumes nötig wäre, um den Zuzug nach Hamburg genehmigt zu bekommen. Viel Verzweiflung klingt aus Wendts Antwortschreiben vom 12.11.1948: „Was den Nachweis einer Wohnung in Hamburg betrifft, so ist dieses augenblicklich für mich nicht möglich. Man sagte mir, dass ich erst die Zuzugsgenehmigung haben muss, um eine Wohnung zu beanspruchen. Das heisst, unter Wohnung ist natürlich ein Zimmer bzw. 1 ½ Zimmer möbliert oder unmöbliert zu verstehen."[121] Löwenthal riet Wendt, Kontakt zur Jüdischen Gemeinde in Hamburg aufzunehmen und zunächst nur für sich eine Unterkunft zu suchen, und stellte ihm eine Bescheinigung aus, mit der grundsätzlich alle Behörden ersucht wurden, die Anliegen Willi Wendts „wohlwollend zu behandeln und seine Wünsche und Bitten aktiv und rasch zu fördern".[122]

Im Januar 1949 hatte Willi Wendt beim zweiten Besuch Löwenthals auf der Insel offenbar Gelegenheit, im persönlichen Gespräch weitere Optionen anzudenken, denn nun wandte sich Löwenthal an den Präsidenten des Arbeitsgerichtes in Flensburg, Dr. Kurt Richter, und machte ihn auf die besondere Problematik aufmerksam mit der Bitte, in diesem Fall „alles in die Wege zu leiten" und „den ganzen Einfluss geltend zu machen". Zusätzlich zum offiziellen Schreiben verfasste Löwenthal einen persönlichen Brief an Richter, in dem er die Situation von Willi Wendt ausführlich darstellte, den jener bereits kennengelernt hatte, möglicherweise bei einem Besuch in Flensburg, wo Wendts Bruder Kurt mit seiner Frau Antonie lebte. Dieser war ebenfalls mit dem Transport aus Danzig gekommen und hatte sich im Januar 1946 entschieden, nicht auf Amrum zu bleiben, sondern nach Flensburg zurück zu gehen. Bis zu seiner Auswanderung in die USA im Laufe des Jahres 1949 leitete Kurt Wendt das Jüdische Komitee in Flensburg.[123]

Eine Antwort Richters ist in den Unterlagen Löwenthals nicht vorhanden, hat es also möglicherweise eher mündlich gegeben.

[120] Wiener Library HA12-//6/EVI-6-1

[121] Wiener Library HA12-//6/EVI-6-1

[122] Wiener Library HA12-//6/EVI-6-1

[123] Goldberg: Juden in Flensburg, a.a.O., Seite 102 ff und Auskünfte von Bernd Philipsen, Flensburg

Auch die immer noch bestehende Hoffnung Willi Wendts auf eine Anstellung bei der DAG zerschlug sich mit dem plötzlichen Tod des Vorsitzenden Wilhelm Dörr. Er bewarb sich nun auf eine per Zeitungsanzeige ausgeschriebene Stelle als Zentraleinkäufer für Möbel bei der Westdeutschen Kaufhof AG in Köln. Erneut bemühte sich Löwenthal behilflich zu sein, zunächst mit einem Schreiben an die Synagogengemeinde Köln, die wiederum Kontakt zur Westdeutschen Kaufhof AG aufnahm.

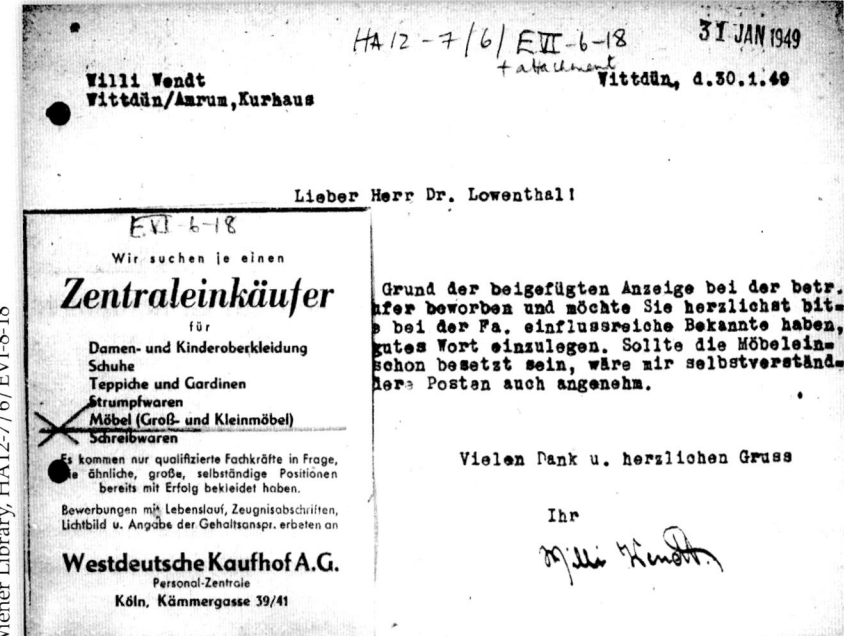

Mitteilung von Willi Wendt an Dr. Löwenthal über eine Bewerbung, 30.1.1949

Gleichzeitig kündigte der neue Vorstand der DAG Willi Wendt eine neue Option an und bat ihn zu einem Gespräch nach Hamburg. Hierbei wurde ihm angeboten, als Vertreter für die Versicherung „Neue Welt" in Düsseldorf zu arbeiten, einem Tochterunternehmen der DAG. Wendts Enttäuschung und Verzweiflung wird in seinem nächsten Brief an Löwenthal vom 12.3.1949 deutlich: „...Das Ganze ist so unerfreulich und weiß ich gar nicht, wenn evtl. der Zuzug klappt, ob ich dort so viel verdienen würde, um Frau und Kind ernähren zu können, denn als Versicherungsvertreter von Haus zu Haus werben gehen, ist eigentlich besseres Bettlertum. Aber hier bleiben, mit 24,60 Arbeitslosenfürsorgeunterstützung in der Woche, kann ich nicht länger und würde vielleicht später in Düsseldorf eine andere Beschäftigung finden, um dann die Versicherungsangelegenheit nur als Sprungbrett zu gebrauchen..."[124]

Folglich beantragte Willi Wendt bei aller Skepsis die Zuzugsgenehmigung nach Düsseldorf, doch auch das dortige Wohnungsamt lehnte trotz vorliegender Unterstützungsschreiben der Versicherung und der Jewish Relief Unit seinen Zuzug ab, da er „arbeitseinsatzmäßig in Düsseldorf nicht dringend erforderlich" sei und von ihm „eine Wohnung bzw. Unterkunft nicht nachgewiesen werden" könne.[125]

[124] Wiener Library HA12-//6/EVI-6- 23

[125] Wiener Library, HA12-//6/EVI-6- 23, Seite 32

93

Dr. Löwenthal wandte sich daraufhin an den Ministerialdirigenten Dr. Frenkel im Sozialministerium von Nordrhein-Westfalen, der nach wenigen Wochen mitteilte, dass ein Zimmer für Willi Wendt zur Verfügung stehe.[126] Daraufhin hätte Wendt sofort nach Düsseldorf fahren müssen, er beantragte jedoch zunächst erneut die Zuzugs-genehmigung, wodurch das Zimmer anderweitig vergeben wurde. Löwenthal forderte Wendt auf, nach Düsseldorf zu kommen und direkt im Ministerium vorzusprechen, Dr. Frenkel habe zugesagt, ihm dann sofort eine Unterkunft zu stellen. Ende Mai 1949 trat Willi Wendt die Reise an und sprach zunächst in Köln bei der Westdeutschen Kaufhof AG vor, wo nun allerdings keine Stelle mehr frei war. Auch bei der Düsseldorfer Versicherung wollte man von der schriftlich zugesagten Garantie eines Mindestverdienstes nichts mehr wissen. In dieser Situation muss Willi Wendt die Ablösung Dr. Löwenthals durch seinen Nachfolger E. Heymann hart getroffen haben. Dessen Versuch, ihm einen Hausmeisterposten im jüdischen Altersheim in Köln zu besorgen, schlug ebenfalls gänzlich fehl. Lediglich der persönliche Kontakt zu Dr. Frenkel im Sozialministerium ließ den Verzweifelten noch hoffen. Wieder auf Amrum erfuhr er, dass Frenkel einen längeren Kuraufenthalt begonnen habe.

[126] Wiener Library, Seite 34

Anfang Oktober schrieb Willi Wendt erneut an Dr. Heymann: „In der Annahme, dass Sie, sehr geehrter Herr Dr. Heymann, bereits von ihrem Urlaub zurückgekehrt sind, bitte ich Sie hiermit höflichst, bei Herrn Dr. Frenkel mal nachzufragen, wieweit es ihm möglich ist, mich vielleicht noch vor Einbruch des Winters hier fortzuholen. Denn ich denke mit Schrecken daran, noch einen Winter hier auf der Insel als Arbeitsloser verleben zu müssen, ohne in der Lage zu sein, den notwendigen Winterbedarf kaufen zu können…"[127]

[127] Wiener Library, Seite 44

Anfang November richtete Dr. Heymann eine entsprechende Anfrage an Frenkel, dessen Antwort umgehend folgte. „Es tut mir furchtbar leid, dass ich ihm bisher noch nicht helfen konnte. Seien Sie versichert, dass ich mir die allergrößte Mühe gegeben habe. Es ist mir aber noch nicht gelungen, ihm eine passende Beschäftigung zu verschaffen. Ich werde aber weiter bemüht bleiben, diese für ihn zu finden. Mehr kann ich leider heute nicht versprechen…"[128] So verbrachte die Familie Wendt auch den Winter 1949/1950 auf Amrum. Zwei letzte Aktenvermerke Dr. Heymanns zeigen, dass er im Januar und Februar 1950 erneut im Sozialministerium nachgehakt hatte.

[128] Wiener Library, Seite 46

Tatsächlich konnte Willi Wendt mit seiner Frau und Tochter erst 1950 die Insel verlassen, als durch das Umsiedlungsgesetz Flüchtlinge auf alle Bundesländer verteilt wurden.

6.3. Ein Apotheker wird nicht gebraucht

Heinrich Bäcker trat 1949 hilfesuchend an Dr. Löwenthal heran, als dieser am 12. Januar wieder bei seinem Besuch im Kurhaus eine Sprech-stunde anbot. Seit Mai 1948 hatte er sich wiederholt und erfolglos um eine Arbeit im pharmazeutischen Bereich bemüht. Sein dafür verfasster Lebenslauf lässt die besonderen Qualifikationen des nun 53-jährigen Apothekers deutlich werden.

Lebenslauf!

Einer alteingesessenen jüdischen Danziger Familie entstammend, wurde ich dort am 10.9.1895 als Sohn des Buchdruckereibesitzers Carl Bäcker geboren. Nach dem Besuch der Oberrealschule zu St. Petri und Pauli in Danzig trat ich im Jahre 1913 in den Apothekerberuf ein und bestand am 14.6.1916 in Danzig die pharmazeutische Vorprüfung mit „gut". Meine pharmazeutisch-wissenschaftliche Ausbildung erhielt ich abweichend von der formal vorgeschriebenen in einem privaten viersemestrigen Studiengange (1925/26) durch den Hamburger Universitätsprofessor Dr. Dr. Ernst Sieburg unter Erteilung einer Bescheinigung (24.11.1926), diejenigen Kenntnisse zu besitzen, die der pharmazeutischen Prüfung entsprechen. Weiter habe ich an den Lehrgängen für pharmazeutische Fortbildung an der Technischen Hochschule zu Danzig-Langfuhr regelmässig teilgenommen, bis mir im Jahre 1937 als Jude der weitere Besuch der Vorlesungen verboten wurde. Beruflich war ich jahrzehntelang als Assistent in bevorzugter Stellung in Danziger Apotheken tätig, unterbrochen durch eine ca. sechsjährige Tätigkeit in der chemisch-pharmazeutischen Industrie als Abteilungsleiter und stellvertretender Betriebsleiter der Firma G. Pohl in Danzig-Langfuhr. Von 1929 – 1933 war ich im Nebenamt Mitarbeiter des Sachbearbeiters für pharmazeutische Angelegenheiten beim Danziger Senat, des Herrn Apotheker Regel.

Am 31.3.1939 erfolgte meine Ausstoßung aus dem Apothekerberuf durch die Nazis, weil ich Jude bin. Damit verlor ich eine leitende Position, die ich zehn Jahre als Mitarbeiter der Apotheke auf Langgarten in Danzig innehatte und in der mir auch die praktische und wissenschaftliche Ausbildung der Apothekerpraktikanten oblag. Zunächst jahrelang arbeitslos, wurde ich später als Arbeiter eingesetzt und verblieb in dieser Stellung bis zum Zusammenbruch des Naziregimes. Zwischendurch wurde ich mehrere Wochen bei der Gestapo in Haft gehalten, nur der Umstand, dass meine Frau Christin ist, rettete mich vor dem Schlimmsten. Mein Sohn Richard wurde von den Nazis zur Zwangsarbeit nach Frankreich deportiert und dort im bewachten Lager zu schweren und gesundheitsschädlichen Befestigungsarbeiten eingesetzt.

Nach der Besetzung Danzigs errichtete ich bei dem neu gegründeten jüdischen Komitee in Danzig-Langfuhr für die Versorgung der jüdischen Bevölkerung mit Arzneien eine Apotheke und leitete diese bis zu meiner Ausreise aus Danzig im Oktober 1945.

Im Dezember 1945 kam ich mit einem jüdischen Transport, zu dessen Transportleitung ich gehörte, hierher nach Wittdün. Bei mir befinden sich meine Ehefrau, meine Tochter mit ihrem Kind (geschieden) und seit April diesen Jahres mein Sohn Richard, der seinerzeit von den Nazis nach Frankreich deportiert wurde und uns erst jetzt über den jüdischen Weltkongress in England gefunden hat. Seit der Zeit meines Hierseins habe ich mich intensiv und unablässig bemüht, mir in irgend einer Form eine neue Existenz zu schaffen, leider waren alle meine diesbezüglichen Schritte bisher negativ.

In bin in meiner jahrzehntelangen Berufstätigkeit in allen Fragen der Pharmazie wohlerfahren, meine praktischen und wissenschaftlichen Fachkenntnisse waren in Danziger Fachkreisen anerkannt. Als Referenz nenne ich den Präsidenten der Apothekerkammer Schleswig-Holstein in Kiel, Herrn Pharmazierat Koben. In einem Schreiben vom 24.7.1946 einer höheren Dienststelle der britischen Zone, dessen Abschrift mir vertraulich zuging und in meinem Besitz ist, heisst es über mich u.a. „....er ist ein sehr fleissiger, gewissenhafter Apotheker von grossem pharmazeutischen Wissen … Durch die ehemaligen Mitarbeiter von Herrn Bäcker haben wir bestätigt erhalten, dass er unter dem nationalsozialistischen Terror viel Schweres in Danzig hat durchmachen müssen. Ebenso ist bekannt, dass alle anderen von Herrn Bäcker gemachten Angaben den Tatsachen entsprechen." Es ist mein innigster Wunsch, beruflich in irgend einer Form bald wieder tätig zu sein und damit auch mir nicht nur wieder eine Existenz zu schaffen sondern auch meine gegenwärtig brachliegenden Fachkenntnisse und meine langjährige Berufserfahrung wieder praktisch ausnützen zu können.

Bäckers letzte Bemühungen richteten sich an das jüdische Krankenhaus in Köln, von dessen Wiederaufbau er über seine in Köln lebende Cousine erfahren hatte. Diese hatte bereits ein erstes Gespräch mit dem leitenden Arzt Dr. Lewin geführt, auf das Dr. Löwenthal in seinem Schreiben vom 20. Januar 1949 Bezug nehmen konnte. Doch leider konnte Lewin nur von Absichten berichten, nicht vom tatsächlichen Wiederaufbau des Hospitals, und machte Bäcker auf das bestehende kleine jüdische Krankenhaus in Hamburg aufmerksam. Problematisch bei der Suche wirkten sich vor allem das fehlende Staatsexamen Bäckers sowie sein höheres Alter aus, wie aus einem Brief des Innenministeriums Nordrhein-Westfalen vom Februar 1950 hervorgeht.

Bericht zur Situation jüdischer Wohlfahrt im August 1948 C.B.F.News

2   C. B. F. NEWS   August, 1948

THE JEWISH RELIEF

A T.B. patient under treatment at the Merano Home. Italy, which was pillaged by the Nazis and re-equipped by a grant from C.B.F. funds.

GERMANY

BRITISH ZONE

There are now only about 10,000 Jewish D.P.s in the Zone, the majority of whom are in Belsen. The J.R.U. is still making a major contribution to the work, both in the Camp and at the Glyn Hughes Hospital. It has, however, been found possible to transfer some workers to the American Zone, where they are more urgently required.

SUPPLIES FOR BABIES

Since the Board of Trade granted permission for the despatch of baby napkins to the D.P. Camps, 300 dozen have been sent by the J.C.R.A. to Germany.

BERLIN CARRIES ON

In spite of the disturbing news from Berlin, daily work has continued. A new kindergarten has been opened by J.R.U. in the Russian Sector of the city, which will be attended by some thirty Jewish children.

A registration of professional skill for emigration purposes amongst the Camp people was recently conducted by I.R.O.

In order to reduce the amount of food to be transported by air, D.P.'s in Camps in the American Sector have been asked to agree to be transferred to camps near Frankfurt, being flown into the American Zone by the United States Air Force, their luggage following in separate planes.

One of the rooms in the offices of the Jewish Relief Unit in Berlin has been completely redecorated and fitted out as a centre for cultural activities. It is hoped that this will be the beginning of a Communal Centre where children's dancing and gymnastic classes will take place and, in addition, many educational lectures. Thus the centre, where people come for assistance and advice, will also be for them an educational and social centre.

J.R.U. SAVE D.P. BABY'S LIFE

The J.R.U. doctor at Glyn Hughes Hospital, Belsen, is successfully treating a sixteen months' old Jewish D.P. baby, who contracted tubercular meningitis, with Streptomycin injections. This is the first time the newly discovered drug has been used in the British Zone and until recently tubercular meningitis was invariably fatal.

The drug was obtained, after great difficulty, from the American Army, with the help of the American Joint Distribution Committee. It is estimated that the treatment will be needed for at least twelve months.

A case of Florid Lung Tuberculosis is also being treated successfully with the drug. These are but two of the many difficult cases which are being nursed back to health at Glyn Hughes Hospital by J.R.U. doctors and nurses.

REBUILDING OF JEWISH COMMUNITIES

The Senior Field Representative of the J.R.U. in Germany now makes regular visits to all the Jewish Communities in Western Germany and Berlin, giving advice and assisting in the building up of libraries and other cultural activities.

The seventy Jewish people living in Aachen have arranged for the rebuilding of the Altenheim. At Bochum a new Betsaal has been consecrated. At Osnabruck the Gemeindehaus is gradually being rebuilt and a memorial tablet will be erected, while the J.R.U. have assisted in re-establishing a small communal library.

Prayer books have been supplied by the J.R.U. through the kindness of donors in Hampstead Garden Suburb, for the 48 members of the Jewish community at Oldenburg, who rent a Betsaal, office and meeting room.

Mulheim, where 800 Jewish people lived in 1938, now has a community of only 32 members—10 men, 20 women and 2 schoolchildren.

Among the small Jewish "Centres" in Land Schleswig-Holstein, Kiel has a more Jewish atmosphere than any other, in spite of its Jewish population being reduced from 600 before the war to 62, 60% of whom are of non-German origin. They meet regularly at the home of the Chairman, Herr Heinz Solomon, and a big house is being rebuilt as a communal centre.

At Wittdun (Amrum) live 43 Jewish people who left Danzig after its occupation by the Russians, and who now occupy the old-fashioned Kurhaus built 50 years ago, each family having one or two rooms of their own. But they are cut off from the outside world, with only one boat per day even during the summer.

CHAIRMAN'S VISIT

Mr. Leonard Cohen, Chairman, J.C.R.A., paid a five-day visit to the Zone in June and interviewed representatives of the Gemeinde, visited the legal office at Hamburg, the Children's Home in Luneburg, Belsen and Hanover and met 23 officers of the unit at a meeting held at Eilshausen H.Q.

AMERICAN ZONE

The principal concentration of Jewish D.P.s (over 100,000) is in this Zone. The J.R.U. has about 20 workers assisting in the welfare programme. More supplies have been diverted to this area.

J.R.U. WORKER BECOMES CHILD CARE CHAIRMAN

Miss Marie Malachowski, Senior Area Representative of the Jewish Relief Unit, stationed at Munich, has been elected Chairman of the Child Care and Youth Sub-Committee of the Council of Voluntary Societies.

There are 23 voluntary societies working in the U.S. Zone and it is a high tribute, both to Miss Malachowski and the J.R.U., that the representative of the only Jewish organisation from England should have been chosen to lead this important sub-committee. It is, incidentally, the first time that a representative of a non-American organisation has been elected to such a position.

FROM J.C.R.A. TO THE CAMPS

During the month of May, 1948, the Jewish Committee for Relief Abroad sent to the camps at Kassel, Munich, Pocking, Eschwege and Indersdorf in the U.S. Zone of Ge[...] supplies ranging from ca[...] apple puree and tomato juice to baby's napkins, from geometry sets for the children to darning materials, razor blades to exercise books, buttons to barley sugar, blankets to aspirin tablets, scissors to footwear and clothing, pencils, hot water bottles and knitting needles to boric acid ointment and gentian violet jelly.

PRIMITIVE EMIGRATION CONDITIONS

In Warner Kaserne and Funk Kaserne Camps the D.P.s awaiting emigration to the U.S.A. and Canada are living in very primitive conditions and some have been there for as long as six months.

Over-crowding is appalling; as many as twenty people live in one room and furniture is confined to camp beds and one or two cupboards. I.R.O[...] no wood available for [...]rs and tables. There is no privacy, and even the two large wash rooms on each floor have no doors.

The Jewish people, who in most cases are living amicably together with Camp occupants of differing religions and nationalities, obtain I.R.O. kosher dry rations.

Where cases are "deferred" for further investigation, the emigrants may now return to their original camps, but many Displaced Persons from Austria and "private living" persons have given up their rooms and have nowhere else to go.

AUSTRIA

The situation in Austria has been improving in recent months. Very few infiltrees have entered the country whilst, on the other hand, a good number have left for other countries.

6.4. Bauhilfsarbeiter statt Bäckermeister

Besonders umfangreich wurde die Korrespondenz Löwenthals und Heymanns in einem dritten Fall, nämlich bei den Bemühungen, Familie Mönnichs behilflich zu sein. Franz Mönnichs (1896 in Danzig geboren) gab auf einem Flüchtlingsfragebogen an, Schlosser und Maschinenbauer sowie zuletzt See-Maschinist gewesen zu sein. Eine körperliche Behinderung von 40 % würde eine erneute Beschäftigung in diesem Bereich nicht mehr möglich machen. Im Kurhaus galt er als Haushaltungsvorstand der Familie, die aus ihm und seiner Frau Hilde Mönnichs, geborene Block (1892 geboren) sowie der sechsköpfigen Familie seines Bruders bestand: Bäckermeister Wilhelm Mönnichs (Jg. 1903), seine Frau Ruth (Jg. 1908) und ihre vier gemeinsamen Kinder Lieselotte (1931), Anni (1934), Elsa (1935) und Hermann (1937).[129] Sowohl Hilde Mönnichs als auch Ruth Mönnichs waren Jüdinnen.[130] 1946 stand der sonderhilfsberechtigten Familie von Ruth Mönnichs neben dem Familienunterhalt von 89,80 Reichsmark im Monat eine Sonderbeihilfe von 44,90 Reichsmark (=50 % des FU) zu, wie der Kreis Südtondern der Gemeinde Wittdün im Oktober 1946 mitteilte.[131]

1948 hatte Wilhelm Mönnichs in Flensburg eine Möglichkeit gefunden, wieder beruflich tätig zu werden, offenbar sogar in seinem Beruf als Bäckermeister, und einen Antrag auf Zuzug seiner Familie gestellt. Das Wohnungsamt der Stadt Flensburg wandte sich daraufhin an die Gemeinde Wittdün und schlug einen Tausch vor, um diesem Antrag stattzugeben.[132] Doch die vom Bürgermeister Wittdüns genannten Bedingungen ließen das Angebot Flensburgs wohl platzen: Die im Gegenzug kommenden Flüchtlinge dürften auf keinen Fall Fürsorge oder Rente empfangen, sondern müssten „voll arbeitsfähig" sein, am besten junge Frauen, die auf der Insel Arbeit finden könnten.[133] So konnte die Familie von Wilhelm Mönnichs die Insel nicht verlassen und er die Arbeitsstelle in Flensburg nicht annehmen.

Beim Besuch Löwenthals auf Amrum im Januar 1949 suchte ihn Ruth Mönnichs während seiner Sprechstunde auf und bat ihn um Unterstützung. Insbesondere die Tatsache, dass sie seit Anfang 1948 vom Sonderkreishilfsausschuss nicht länger als Verfolgte des Naziregimes anerkannt wurde und damit die Sonderbeihilfe entfallen war, mache es dringlich, dass ihr Mann Arbeit finden müsse, möglichst auch sie und ihre älteren Töchter.[134] Umgehend wandte sich Löwenthal am 26.1.1949 an das Sozialministerium Nordrhein-Westfalens und bat dringlich um Hilfe. Am 16.2.49 konnte er Willi Wendt bereits mitteilen, dass die Möglichkeit bestehe, dass der „Plan der Überführung von Fachkräften aus Schleswig-Holstein in die Nordrheinprovinz" wohl eine Umsiedlung der Familie Mönnichs möglich machen werde, allerdings wohl kaum in ihren Wunschort Bonn.[135] Knapp einen Monat später traf ein Fernschreiben des Landesarbeitsamtes Nordrhein-Westfalen mit guten Nachrichten beim Landesarbeitsamt Schleswig-Holstein ein. Gemeinsam mit seiner ältesten Tochter Lieselotte reiste Wilhelm Mönnichs am 28.3.1949 nach Düsseldorf.

[129] Kreisarchiv Nordfriesland, D21 Bestand Wittdün, 5 Flüchtlingswesen

[130] Namensliste der Juden in Schleswig-Holstein vom Central Jewish Committee Kiel vom 1.11.1948, Wiener Library HA7/6-17/6/B

[131] Kreisarchiv Nordfriesland, D21 Bestand Wittdün, 5 Flüchtlingswesen

[132] Kreisarchiv Nordfriesland, D21 Bestand Wittdün, 5 Flüchtlingswesen

[133] Kreisarchiv Nordfriesland, D21 Bestand Wittdün, 5 Flüchtlingswesen

[134] Wiener Library HA 12-4/6/E5-33

[135] Wiener Library HA 12-4/6/E5-33

Er wurde dort bei der Firma Wagner als Bauhilfsarbeiter eingestellt und in einer Gemeinschaftsunterkunft untergebracht, Lieselotte kam als Haushaltshilfe in eine Familie. Am 18.4.1949 bedankte sich Ruth Mönnichs in einem Brief bei Dr. Heymann für die Bemühungen seines Vorgängers Dr. Löwenthal und bat darum, ihr und den drei anderen Kindern nun auch den zugesagten baldigen „Nachzug" zu ermöglichen.[136] In einem persönlichen Gespräch mit Wilhelm und Lieselotte Mönnichs ließ sich Heymann genauer erläutern, welche Schritte die Familie bereits unternommen hatte, und riet den beiden, Kontakt zur Jüdischen Gemeinde aufzunehmen und einen Baukostenzuschuss für die Herrichtung einer Wohnung zu beantragen.[137] Ein neuerlicher Brief von Ruth Mönnich aus Wittdün veranlasste Heymann, erneut Rücksprache mit Lieselotte Mönnichs zu nehmen.[138] Eine Aktennotiz vom 31. Oktober 1949 in den Unterlagen Heymanns besagt, dass Ruth Mönnichs mit den drei weiteren Kindern inzwischen einfach nach Düsseldorf gefahren war und ohne Aufenthaltserlaubnis mit ihrem Mann zusammen in einer Notunterkunft lebte. Die Jüdische Gemeinde schaltete sich ein, um eine Wohnung zu finden und somit die polizeiliche Anmeldung möglich zu machen, was offenbar zum Beginn des Dezembers 1949 durch die Auswanderung einer jüdischen Familie realisiert werden konnte. Nun galt es nur noch, Möbel und Hausrat zu beschaffen.[1139] Der Wunsch Lieselottes, durch einen Wechsel des Arbeitgebers eine richtige Lehrstelle zu bekommen, erfüllte sich 1949 nicht mehr.[140]

6.5. Kampf mit Bürokratie und Justiz

In der umfangreichen Korrespondenz der Jewish Relief Unit zu einem weiteren Fall geht es um andere Probleme. Hier zeigt sich zum einen, in welchem Maße es von den jeweils beteiligten Personen abhing, ob sich Lösungen anbahnen und schließlich finden ließen oder nicht, und zum anderen gewähren die Unterlagen einen Einblick in die besondere Problematik der Entschädigungsverfahren und zeigen, mit welchen Zumutungen seitens der deutschen Behörden die Verfolgten des Naziregimes zu tun hatten, mit welchen Entscheidungen sie gequält und wieder in ihrer Würde verletzt wurden.

Heinrich Borchheim, am 1.9.1893 in Danzig geboren, lebte mit seiner Frau Maria (Jg. 1897) und den Kindern Henriette (Jg. 1928) und Peter (Jg.1939) im Kurhaus. Im Januar 1949 wandte sich der damals 56 jährige Kaufmann Borchheim, der in Danzig aktives Mitglied der jüdischen Gemeinde und ihr Schriftführer gewesen war, in großer Not an Dr. Ernst Löwenthal bei dessen zweitem Besuch auf Amrum: Eine schwere Lungenerkrankung infolge von Zwangsarbeit während der Nazizeit mache seine Behandlung in einer Heilstätte dringend erforderlich; überdies sei ihm die Unterstützung als NS-Verfolgter vom Sonderkreishilfsausschuss aberkannt worden.[141]

Dr. Löwenthal schrieb daraufhin Anfang März an die Jüdische Wohlfahrt in Kiel, wo eine Hannelore Bauer in Vertretung für den

[136] Wiener Library, HA 12-4/6/E5-33 Seite 39

[137] Wiener Library, HA 12-4/6/E5-33, Seite 42

[138] Wiener Library, HA 12-4/6/E5-33, Seite 45-47

[139] Wiener Library, HA 12-4/6/E5-33 Seite 49

[140] Wiener Library, HA 12-4/6/E5-33 Seite 51-56

[141] Die seit 1948 nach Landesgesetzen erfolgende Entschädigung hatte zur Überprüfung seines Falls wie aller Einzelfälle geführt, die anfangs auf lokaler Ebene und nach Maßgabe der britischen Militärregierung eine Unterstützung als NS-Opfer erhalten hatten. Vgl. Scharffenberg a.a.O.

erkrankten Heinz Salomon für die Betreuung zuständig war und forderte sie zur Beantwortung von zwei Fragen auf. „Es ist mir wohl bekannt, dass das Jüdische Erholungsheim in Bad Harzburg keine Kranken aufnimmt und aufnehmen darf. Was aber ist Ihrer Ansicht nach mit Herrn Borchheim zu tun, da er offensichtlich krank ist. Wollen Sie vielleicht mit Herrn Willi Wendt in Wittdün telefonisch Rücksprache nehmen? Soweit ich unterrichtet bin, bezieht Herr Borchheim lediglich Arbeitslosenunterstützung. Woran kann es liegen, dass er nicht auch zum Empfang einer Beschädigtenrente berechtigt ist? Ich bin überzeugt, dass Herr Wendt Ihnen auch darüber Auskunft geben kann."[142]

[142] Wiener Library, HA12-6/5/E IV-1-42

Das bürokratisch unverbindliche Antwortschreiben Hannelore Bauers lässt den sarkastischen Unterton in den eigentlich höflich klingenden Zeilen Löwenthals verständlich werden: „Es ist richtig, dass Herr B. lt. seines eingereichten ärztlichen Attestes nicht für einen Erholungsaufenthalt in Bad Harzburg in Frage kommt. Gelegentlich eines mit Herrn Wendt geführten Telefonats haben wir vorgeschlagen, den Patienten evtl. ins Glyn Hughes Hospital in Bergen-Belsen zu überweisen, um eine Genesung herbeizuführen. – Nach Rücksprache mit Herrn Wendt ist Herr Borchheim vom Sonderhilfs-Ausschuß Niebüll anerkannt, und verstehe ich nicht, warum Herr B. von seiner Ablehnung als politisch bzw. rassisch Verfolgter schreibt. Sollte er tatsächlich abgelehnt sein, so kann er gegen den Beschluß beim Sonderhilfs-Ausschuß Niebüll Beschwerde einlegen, und wird diese dann zur endgültigen Entscheidung dem Sonderhilfs-Ausschuß des Landes vorgelegt. Soweit ich unterrichtet bin, war Herr B. während der Nazizeit nicht inhaftiert. Wenn aber nachgewiesen werden kann und genügend Beweise vorhanden sind, daß sein schlechter Gesundheitszustand auf evtl. geleistete Zwangsarbeit unter dem Nazi-Regime zurückzuführen ist, kann er ohne Weiteres seine Ansprüche für eine Beschädigtenrente beim Kreissonder-Hilfsausschuß geltend machen. Wie Herr Wendt mir sagte, erkennt der Sonderhilfs-Ausschuß es nicht als Zwangsarbeit an, dass Herr Borchheim während des Krieges als Kammerjäger arbeiten mußte."[143]

[143] Wiener Library, HA12-6/5/E IV-1-43

Von der Jüdischen Wohlfahrt wäre ein anderes unterstützendes Engagement zu erwarten gewesen. So waren etliche Schreiben hin und her erforderlich, bis endlich Ende Mai Heinrich Borchheim im Glen Hughes Hospital in Bergen-Belsen stationär aufgenommen werden konnte. Dr. Ernst Löwenthal hatte während dieser Zeit seine Aufgaben an Dr. Heymann übergeben, und Heinz Salomon hatte schließlich nach längerer Krankheit seine Arbeit in Kiel wieder aufnehmen können. Heymann und Salomon hatten sich kurz zuvor in Bad Harzburg persönlich kennen und offenbar sofort schätzen gelernt. Die beiden Männer nahmen nun auch die weiteren Probleme Borchheims in den Blick, versuchten vor allem, mit eindeutigen Stellungnahmen seine Anerkennung im Entschädigungsverfahren zu erreichen.

Entscheidung des Sonderkreishilfsaus-schusses im Kreis Südtondern vom 22.11.1948 über die Nicht-anerkennung von Heinrich Borchheim

abschrift

Auszug aus dem Sitzungsprotokoll des Sonder-hilfsausschusses vom 22. Nov. 1948.

Der Sonderhilfsausschuss hat in seiner heutigen Sitzung wie folgt entschieden:

Borchheim ist zwar aufgrund seiner Abstammung als Jude im gewissen Sinne als rassisch Verfolgter an-zuerkennen. Seine Verfolgungen waren aufgrund des Po-lizeiberichtes Kiel nicht so, dass er Rechte aufgrund des Gesetzes vom 4.3.48 geltend machen könnte. Es ist festgestellt, dass er ständig in Arbeit gewesen ist, ebenso brauchte er den Judenstern nicht zu tragen und war auch in Bezug auf seine Lebensmittelkarten den Ariern gegenüber nicht benachteiligt. Seine Ausschal-tung als Handelsvertreter dürfte im Zuge der absoluten Mobilmachung während des Krieges erfolgt sein.

Die besondere Anerkennung, die durch das Gesetz gefor-dert wird, ist daher zu versagen.

Gegen diesen Bescheid steht Ihnen der Einspruch an den Landes-Sonderhilfsausschuss zu, der innerhalb von 4 Wochen bei dieser Dienststelle einzureichen ist.

Niebüll, denn 22.11.48

Kreisverwaltung Südtondern
Sonderhilfsausschuss
gez. Unterschrift

In seiner Sitzung am 22. November 1948 in Niebüll hatte der Sonderhilfsausschuss folgende Entscheidung gefällt und diese Heinrich Borchheim mitgeteilt: „Borchheim ist zwar aufgrund seiner Abstammung als Jude im gewissen Sinne als rassisch Verfolgter anzuerkennen. Seine Verfolgungen waren aufgrund des Polizeibe-richtes Kiel nicht so, dass er Rechte aufgrund des Gesetzes vom 4.3.48 geltend machen könnte. Es ist festgestellt, dass er ständig in Arbeit gewesen ist, ebenso brauchte er den Judenstern nicht zu tragen und war auch in Bezug auf seine Lebensmittelkarten den Ariern gegenüber nicht benachteiligt. Seine Ausschaltung als Handelsvertreter dürfte im Zuge der absoluten Mobilmachung im Zuge des Krieges erfolgt sein. Die besondere Anerkennung, die durch das Gesetz gefordert wird, ist daher zu versagen. Gegen diesen Bescheid steht Ihnen der Einspruch an den Landes-Sonderhilfsausschuss zu, der innerhalb von 4 Wochen bei dieser Dienststelle einzureichen ist."

Am 1.12.1948 gab Heinrich Borchheim gegenüber dem Landes-sonderhilfsausschuss beim Kieler Innenministerium eine ausführliche Stellungnahme dazu ab: „Seit 1. April 46 bin ich vom S.H.A. Südtondern anerkannt. ... Gegen den Bescheid vom 22.11.1948 lege ich aus nachste-henden Gründen schärfsten Protest ein. Meine Ausschaltung als Handelsvertreter Anfang September 39 hat mit der Mobilmachung überhaupt nichts zu tun, sondern erfolgte nur aufgrund meiner volljü-dischen Abstammung. Mir wurde von der Direktion der Fa. Siemens, für die ich tätig war, direkt gesagt, dass sie mich als Juden, da Danzig jetzt zu Deutschland gekommen sei, nicht länger beschäftigen dürfte. Ferner stimmt es auch nicht, dass ich ständig in Arbeit gewesen bin. Von Sept. 39 – Anfang 41 bekam ich als Jude keine Beschäftigung und lebte von der Unterstützung der jüd. Gemeinde.

Da diese sehr gering war, war ich gezwungen nach und nach Gegenstände der Wohnungseinrichtung und vom Haushalt zur Bestreitung unseres Lebensunterhaltes zu verkaufen. Im Jahre 41 wurde ich ab und zu von der jüd. Gemeinde in Danzig zu Arbeiten herangezogen und dann nachher bis Juli 43 beschäftigt und als Hilfs-arbeiter bezahlt. Im Juli 43 wurde ich vom Arbeitsamt Danzig dem Schädlingsbekämpfungsbetrieb Paul Kanski zugewiesen, wo ich Arbeiten gesundheitsschädlichster Art ausführen musste. Hierdurch wurde die Ursache zu meinem Leiden (Asthma-Bronchitis) gelegt, das sich allmählich chronisch ausgewirkt hat und meine Arbeitsfähigkeit erheblich herabminderte. Die Abschrift eines ärztlichen Attestes, das das Vorhergesagte bestätigt, füge ich bei. Ich war der einzige in dem Betriebe, der die für die Belegschaft vorgeschriebene Milchkarte zur Abwendung von gesundheitlichen Schäden nicht bekam, da ich Jude war. Im Sept. 44 wurde ich dann auf Betreiben des behandelnden Arztes vom Arbeitsamt der Fa. Kruse & Co., Saatenbetrieb, als Arbeiter zugewiesen, da die Fa. Kanski aus mir infolge meiner körperlichen Hinfälligkeit keinen Nutzen mehr ziehen konnte. Im übrigen verweise ich auf die Verordnung über die Beschäftigung von Juden im Reichsge-setzblatt Nr. 124 vom 4.11.1941, die für Juden im Sinne der Nürnberger Gesetze (Volljuden) lediglich niederste Arbeiten unter entehrenden äusseren Umständen zuließ.

Ebenfalls scheint bei der Stellungnahme des K. S.H.A. Südtondern übersehen worden zu sein, dass mir von den Nazis mein Grundstück in Neustadt in Westpr. im Werte von ca. RM 100.000,- im Sept. 39 als jüd. Besitz enteignet worden ist. Ferner möchte ich bemerken, dass ich in den Jahren 37 - 40 viermal auf Veranlassung der einzelnen Ortgruppen gezwungen war, meine Wohnung zu wechseln und bis zuletzt unter den primitivsten Verhältnissen wohnen musste.

Die Verfolgungen erstreckten sich auch auf meine Familienmit-glieder. Sind es etwa keine Verfolgungen oder entsprach es der Würde des deutschen Volkes, wenn meiner Frau auf div. Ortsgruppen gesagt wurde, dass es für jüdisch Verseuchte keine Schuhbezugsscheine gibt? Ferner dass meine Frau aus einem Geschäft gewiesen wurde mit der Bemerkung, da sie mit einem Juden verheiratet sei, dürfe ihr auf Anordnung der zuständigen Ortsgruppe nichts verkauft werden. Ebenso war es selbstverständlich, als Judenhure tituliert zu werden und diese Beschimpfung stillschweigend hinzunehmen.

Meiner Tochter Henriette wurde als Mischling 1. Grades nach ihrer Schulentlassung jede Berufsausbildung untersagt.

Zum Schluss möchte ich noch bemerken, dass meine Familie und ich von der Gestapo erfasst waren und bis zum Ende des Krieges unter deren Aufsicht standen. Was das bedeutet, kann nur der ermessen, der dieses am eigenen Leibe erfahren hat. Aus den angeführten Tatsachen dürfte unzweifelhaft hervorgehen, dass ich schwer unter der Naziver-folgung gelitten und an meiner Gesundheit schwer geschädigt worden bin. Ich bitte daher den L.S.H.A. mir die Rechte aufgrund des Gesetzes vom 4.3.48 zuzuerkennen.

Ich sehe Ihrer baldigen Rückäusserung entgegen und zeichne Hochachtungsvoll gez. Heinrich Borchheim"[144]

[144] Wiener Library, HA12-6/5/EIV-1-39

In einem Brief an Dr. Heymann vom 20.4.1949 führte Heinrich Borchheim ergänzend aus:

„...Ich habe ja nicht getarnt gelebt, sondern war von der Gestapo erfasst und registriert und musste den zusätzlichen Namen „Israel" führen. Wenn man sich die Stellungnahme des S.H.A. betrachtet, muss man zu der Überzeugung kommen, dass er die Massnahmen der Nazis damals heute sanktioniert und der Ausschuss überwiegend aus ehemaligen Pg's besteht. Gerade durch meine Beschäftigung in dem Schädlingsbekämpfungsbetrieb ist meine Gesundheit so untergraben worden. Diese Zeit ist die schwerste und schrecklichste meines Lebens gewesen und mit einer Inhaftierung gleichzustellen, vielleicht war sie zeitweise sogar schlimmer als diese. Die schwersten und ungesundesten Arbeiten musste ich ausführen. Da ich als Jude sozusagen vogelfrei war, konnte der Chef mit mir machen, was er wollte, und er hat es gründlich ausgenutzt. Des Morgens, wenn ich nicht nach außerhalb mitfuhr, musste ich eine Stunde früher anfangen als die Belegschaft, und abends beschäftigte er mich auch 1-2 Stunden länger, so dass ich in der Woche mitunter 80 und mehr Arbeitsstunden hatte. Wenn ich mal äußerte, dass die mir aufgegebene Arbeit allein körperlich zu schwer sei, drohte er mit der Gestapo und KZ Stutthof. Ich bekam noch nicht mal Urlaub, um zum Arzt gehen zu können. Es war bestimmt nicht leicht und angenehm, wenn ich allein stundenlang Chlorkalk in Papiersäcke schaufeln musste, wobei ich stets meine Asthma-Anfälle bekam. Welche Folgen diese Zeit auf meinen Körper und meine Gesundheit hatte, beweist am deutlichsten das ärztliche Gutachten der fachärztlichen Untersuchung im Kreiskrankenhaus in Niebüll, die Herr Dr. Augustin am 9.2.1949 an mir auf das Genaueste vorgenommen hat. Aus dieser Untersuchung geht hervor, dass ich fast 100 % erwerbsunfähig bin und daher anspruchsberechtigt auf Zahlung der Beschädigtenrente als Opfer des Nationalsozialismus bin. Da mein Einspruch beim L.S.H.A. keinen Erfolg gehabt hat, müßte schon gröberes Geschütz aufgefahren werden. Ich bitte Sie deshalb, beim S.H.A. in meiner Sache zu intervenieren."[145]

[145] Wiener Library, HA12-6/5/EIV1-47

Ende Juli schrieb Heinrich Borchheim aus dem Krankenhaus in Bergen-Belsen an Dr. Heymann und dankte für dessen Bemühungen. Er wolle weiter mit Geduld den Ausgang des Entschädigungsverfahrens abwarten. Seine Tochter habe mittlerweile ein Arbeitsangebot in Tübingen bekommen. Heymann wurde umgehend tätig und fand schnell heraus, dass es in Tübingen keine jüdische Gemeinde gab und dass Heinrich Borchheim das Entschädigungsverfahren in Schleswig-Holstein betreiben müsse, da er in der französischen Zone nach den Landesentschädigungsgesetzen keinen Anspruch hätte. Wie das Verfahren letztlich weitergegangen ist, geht aus den Unterlagen der Jewish Relief Unit nicht hervor, wohl aber, dass der beschämende Umgang der deutschen Justiz mit Borchheim beileibe kein Einzelfall, sondern eher die Regel war.

Amrum — eine Insel der Armut

Flüchtlingsnot in allen Kurorten

Wittdün. Die vierte Besichtigungs- fahrt des Kreisausschusses, galt der In- l Amrum. Im R e s t a u r a n t „See- e i m" in N o r d d o r f waren im nrigen Saal des Ortes, einem merk- lrdigen dreieckig geschnitten lum, gerade die Schulkinder zum npfang der Hooverspeisung angetre- n. In diesem Saal spielt sich das nze gesellige Leben des großen Dor- s ab, dessen Einwohnerzahl sich in n letzten zehn Jahren von 300 auf) erhöhte. Kein Häuschen ist ohne :imatvertriebene. Diese schmucken iuser von Norddeich haben sich die nwohner mit ihrem in Amerika ver- enten Geld oder mit Hypotheken nerikanischer Verwandter erbaut. ·ostlos ist die Lage der Heimatver- !ebenen selbst. Sie müssen für ehe- alige Hotelzimmer viel zu hohe Mie- n zahlen, und sind jetzt fast alle :ne Arbeit. Ihre Kinder können in ·r überfüllten Schule beim besten illen ·r drei Lehrer nicht den chte nterricht erhalten. Nur ein lassenzimmer ist vorhanden. Von orgens bis abends werden die 220 in er, davon nur 65 einheimische, iterrichtet. Jedes Kind hat nur zwei- nviertel Stunden Unterricht. Am ganzen Strand zeigen sich die ·rheerenden Folgen der letzten urmflut. In die Dünen ist an einer elle die salzige See eingebrochen und .t eine der wenigen kargen Fennen s Dorfes unter Salzwasser gesetzt.

Der alte Badestrand mit dem nach einer Minenexplosion nur notdürftig wieder zusammengeflickten Badehäus- chen ist durch ein tiefes Priel fast in seiner ganzen Länge aufgerissen wor- den. Der Norddorfer Badestrand muß daher verlegt werden.

In N e b o l dem freundlichen Bauerndorf, leben in den alten fries- schen Häusern auch die Menschen dicht zusammengepfercht. Ein Lichtblick im Dunkel der Inselnot ist aber die Kinder-Lungenheilstätte „Satteldüne". Hier werden 241 Kinder im Alter von eineinhalb bis 15 Jahren in schmucken Zimmern und hellen Liegehallen bestens betreut. 162 der kleinen Pa- tienten sind bettlägerig. Die Kinder werden von fünf Lehrern unterrichtet. Im Kurhaus W i t t d ü n ist seit 1946 ein Lager rassisch verfolgter Danziger untergebracht. Es sind Menschen, die vor 1933 die später von den Nazis so verfolgten Mischehen eingegangen waren. Viel Schweres haben sie alle durchmachen müssen. Die meisten von ihnen haben ihre Angehörigen in Auschwitz und anderen KZs verloren. Amrum, die Dünen-Insel, die seit 60 Jahren nur vom Fremdenverkehr ge- lebt hat, muß schnellstens zunächst 250 Heimatvertriebene, die freiwillig fort- wollen, zur Umquartierung bringen können, dann kann das Schlimmste noch verhindert werden, sonst ist Am- rum dem wirtschaftlichen Untergang preisgegeben. (ba)

Amrum – eine Insel der Armut Artikel in der Schles- wig-holsteinischen Volkszeitung vom 22. März 1949

7.1. Leben trotz allem

Heinrich Borchheim und auch seine Tochter blieben wie alle anderen zunächst in Wittdün. Als älterer Mann mit den beschriebenen krankheitsbedingten Beschwerden entsprach Borchheim in seinem langen Mantel den klischeehaften Vorstellungen von einem Juden und blieb so in Erinnerung der einheimischen Bevölkerung.

Obwohl es wie beschrieben wenig Kontakte zwischen den im Kurhaus untergebrachten Menschen und der sonstigen Bevölkerung gab, entstanden doch im Laufe der wenigen Jahre einige Liebesbe- ziehungen und Heiraten. Insbesondere die Veranden des Kurhauses entwickelten sich zum beliebten Treffpunkt der jungen Leute aller Gruppierungen in Wittdün, und es gab sogar einige Male Tanzver- anstaltungen im Saal des Kurhauses, zu denen die jungen Leute auch aus den anderen Inseldörfern kamen.[146]

[146] So erinnert sich der Amrumer Theodor Kölzow (Jg. 1928), dass mehrere junge Männer aus Norddorf auf einem „Wagen mit Vollgummibereifung" zu den Tanzveranstal- tungen gefahren seien; eine Musikkapelle habe flotte Musik gespielt, und alle seien vertreten gewesen, Einheimische wie Flüchtlinge.

Heinrich Borchheims Tochter Henriette (Jg. 1928), eine sehr gut aussehende junge Frau, verliebte sich in einen Amrumer Fischer und bekam 1951 ein Kind von ihm. Margarethe Hohlfeldt (Jg. 1923), die Schwester von Hildegard Hohlfeldt, heiratete den auf Amrum bei einem Verwandten als Maurer arbeitenden Wilhelm Wulff (Jg. 1917), Willy genannt. Gerda Ittrich heiratete den Amrumer Detlefsen; Frieda Freund, geborene Gise, heiratete am 30. Oktober 1948 in zweiter Ehe den Amrumer Wilhelm Figge.

Die Gemeindeverwaltung in Wittdün versuchte offenbar im Februar 1950, die Flüchtlingsausweise der drei Frauen einzuziehen, musste dann aber einen Monat später nach einer neuen Verfügung der Kreisverwaltung davon Abstand nehmen. Hierin hieß es: „Heiratet ein Einheimischer eine Flüchtlingsfrau, dann behält die Flüchtlingsfrau ihre Anrechte als Flüchtling und somit auch den ihr ausgestellten Flüchtlingsausweis. Die Kinder, die aus solchen Ehen hervorgehen, nehmen die Eigenschaft des Vaters an."[147]

[147] Kreisarchiv Nordfriesland, Bestand Gemeinde Wittdün D 21, 5 Flüchtlingswesen

Wolfgang Wulff, der 1947 geborene Sohn von Margarethe Wulff, geborene Hohlfeldt, galt somit nicht als Flüchtling.

Am Strand Im Strandkorb Frau Jeschke und Frau Wendt, davor ihre Töchter Christa Jeschke und Uschi Wendt.

Privatfoto Uschi Wendt

[148] Hilda Kesslers Ehemann Konrad Kessler war 1944 im Osten gefallen. Sein Name findet sich auf der Gedenktafel der im 2. Weltkrieg ums Leben gekommenen Soldaten vor der St. Clemens-Kirche in Nebel.

Julius Herz' ältester Sohn Werner, der dem Vater und den Geschwistern nach Amrum gefolgt war, hatte in Wittdün die junge Witwe Hilda Kessler kennen gelernt, die mit ihren zwei Kindern Konrad und Birga als Flüchtling im benachbarten Haus Wilmersdorf untergebracht war.[148]

Im September 1948 teilte der Bürgermeister von Wittdün dem Wohlfahrtsamt der Kreisverwaltung in Niebüll mit: „Frau K. hat am 8.9.1948 mit dem Fahrradmechaniker Werner Herz in Wittdün die Ehe geschlossen. Ihr jetziger Ehemann befindet sich zur Zeit im Krankenhaus und bezieht Krankengeld. Zwecks Einstellung der FU-Zahlung für Frau K. ergeht hiervon Mitteilung. Der FU-Satz für die Kinder Konrad Kessler und Birga Kessler müsste u. E. weiter gezahlt werden. Gleichzeitig bitten wir um Nachricht, ob Frau K. noch ihren FU für September ausgezahlt erhalten kann."[149]

[149] Kreisarchiv Nordfriesland, Bestand Gemeinde Wittdün D 21, 5 Flüchtlingswesen

Einige Zeit lebten Werner und Hilda Herz im Öömrang Hüs in Nebel, dem heutigen Heimatmuseum der Insel. Werners Bruder Alfred erinnert deutlich seine Besuche dort mit der Übernachtung im eingebauten Alkoven. Am 16. Februar 1949 wurde der kleine Sohn Roland von Werner und Hilda Herz in Steenodde geboren. Mit dem Baby konnten Werner und Hilda Herz die Insel verlassen und nach Flensburg umziehen.

Familienbesitz Alfred Herz

Familie Herz vor dem Öömrang Hüs (heutiges Heimatmuseum in Nebel) Vorne sitzen Erna Herz mit Roland auf dem Schoß, Hilda Herz mit Margot auf dem Schoß, Ilse und Alfred Herz, hinten rechts steht Julius Herz, neben ihm Betty Klaffke und Paul Senger, ein Freund der Familie aus Danzig, der ihr nach Amrum folgte.

Julius Herz bekam 1949 noch ein zweites Enkelkind: Am 1. Juni 1949 wurde seine Enkeltochter Margot in Wittdün geboren, ein Kind seiner Tochter Erna, die sich in Helmut Rettke, einen jungen Mann vom Festland, verliebt hatte, der auf Amrum als Bäckergeselle in der Bäckerei Reeps gearbeitet hatte. Als der Bäckermeister zurück nach Wittdün kam, musste Rettke gehen und kehrte aufs Festland zurück.

Ob die neue Familiensituation die Auswanderungspläne von Julius Herz und seinen jüngeren Kindern in Frage stellte oder seine Bemühungen erfolglos geblieben waren, blieb unklar. Tatsache ist, dass Julius Herz mit Alfred und Ilse auf Amrum blieb, später nach Süddeutschland ging und auch von dort nicht auswanderte.

Ansicht des Kurhauses 1914 Broschüre „Nordseebad Wittdün auf Amrum 1914"

Privatsammlung Inge Sarsfield

7.2. Wege von der Insel: Umsiedlung ab 1949

Abgesehen von wenigen Ausnahmen gab es für die Mehrzahl der Menschen im Kurhaus erst eine Perspektive, als nach Gründung der Bundesrepublik am 23. Mai 1949 das Bundesumsiedlungsprogramm auf den Weg gebracht wurde. Bis zu diesem Zeitpunkt war es insbesondere der französischen Militärregierung gelungen, mit ihrer restriktiven Politik eine Regelung des Flüchtlingsausgleichs zu verhindern bzw. zu verzögern. Ab 1949 musste auch Baden-Württemberg Menschen aus Schleswig-Holstein, Niedersachsen und Bayern aufnehmen, insgesamt 49 000 Umsiedler bis Ende 1950. Davon kamen rund 32 000 bereits im Laufe des Jahres 1949.[150]

[150] Website www.tuttlingen.de

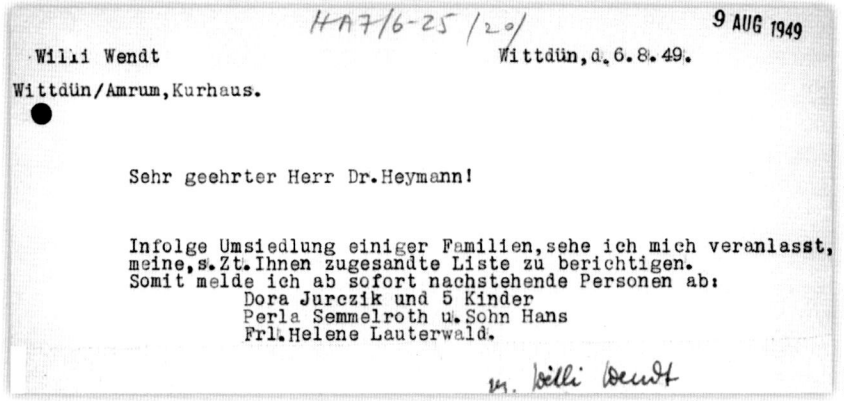

Mitteilung aus dem Kurhaus über Umsiedlungen im August 1949

[151] Schreiben Wendt an Dr. Heymann, Wiener Library, HA7/6-25/20

So teilte Willi Wendt als Vorsitzender der Jüdischen Gemeinschaft im August 1949 mit, dass Dora Jurczik mit ihrem Mann und den fünf Kindern die Insel verlassen konnte, ebenso Perla Semmelroth mit ihrem Sohn Hans sowie Fräulein Helene Lauterwald.[151]

Binnen weniger Monate verließen nun die meisten Familien aus dem Kurhaus die Insel. Familie Wendt konnte 1950 nach Duisburg-Rheinhausen in Nordrhein-Westfalen umziehen. Hier fand Willi Wendt Arbeit in einer Möbelfirma, allerdings nur als Beifahrer. Erst Jahre später wurde er Verkäufer in dieser Firma und schließlich Leiter einer kleinen Zweigstelle der Firma in Rheinhausen.

Willi Wendt mit seiner Frau Charlotte und Tochter Uschi auf der Treppe vor dem Kurhaus Vielleicht ein Foto zum Abschied 1950?

Familie Hohlfeldt kam nach Baden-Württemberg, ebenso Angehörige der Familien Hirschberg und Herz, Feibel und Semmelroth. Elli Meyer fand mit ihren Kindern ab Oktober 1950 in Rheinland-Pfalz ein neues Zuhause. Tochter Ingeborg war nun 15 Jahre alt, Brigitte 14, und die kleine Irene war gerade ein Jahr alt; sie war 1949 auf Amrum zur Welt gekommen. Die Brüder Wolfgang und Volker waren 8 und 7 Jahre alt.

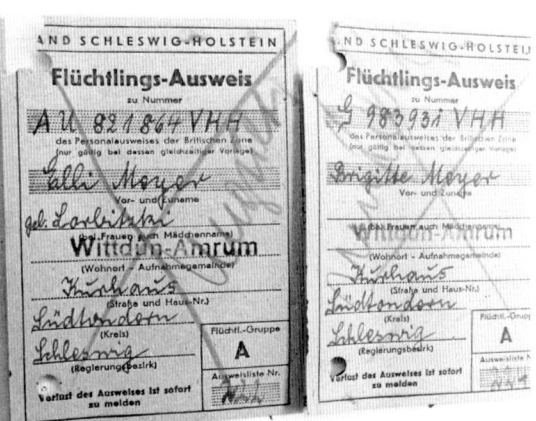

Flüchtlingsausweise von Elli Meyer und ihren Töchtern Ingeborg und Brigitte, 1950 mit der Umsiedlung abgegeben und ungültig gemacht

Die so sehr herbei gesehnte Umsiedlung bedeutete aber in vielen Fällen zunächst wieder eine Unterbringung in einem Barackenlager. So bestand etwa das Kreisdurchgangslager Mühlau für deutsche Heimatvertriebene und Flüchtlinge in Tuttlingen noch bis 1954. Erst nach und nach konnten die Familien Wohnungen und Häuser beziehen, die zumeist über Sonderprogramme für Flüchtlings-wohnbau errichtet worden waren. Familie Hohlfeldt erhielt erst 1957 eine eigene Wohnung in Schopfheim. Zuvor waren sie dort in einer zur Firma Freudenberg gehörenden Villa untergebracht. Großes Glück hatten sie, von dem in dieser Villa lebenden Mitarbeiter und seiner Frau freundlich aufgenommen zu werden.

Julius Herz kam mit seinen Kindern nach Mehlingen bei Kaisers-lautern (Rheinland-Pfalz), wo sie zunächst in zwei Zimmern in zwei Häusern untergebracht wurden. Erst später, als alle Kinder auf eigenen Füßen standen, bekam der Vater eine eigene Wohnung.

Fredy Herz 1953 als Lehrling in Moers

Julius Herz starb 1962 im Alter von 70 Jahren. Seine beiden Söhne Werner und Alfred lebten 2015 mit ihren 91 bzw. 80 Jahren in Süddeutschland, ebenso Tochter Ilse. Robert war wie seine Schwestern Gerda und Helga auf dem Weg nach Palästina zunächst auf Zypern interniert und erst später nach Israel gekommen, wo Gerda mit ihrem Mann ihr neues Zuhause fand und ihre Familie gründete. Helga dagegen kehrte wie auch Robert in den 1950er Jahren nach Deutschland zurück, beide lebten 2015 nicht mehr. Die älteste der Schwestern, Erna, wanderte mit ihrer Tochter in die USA nach Richmond / Virginia aus.

Drei Brüder: Robert, Fredy und Werner Herz, ohne Jahr

So wie sie blieben viele der jungen Menschen aus dem Kurhaus nicht dauerhaft an den neuen Wohnorten, sondern organisierten nun ihre Auswanderung aus Deutschland, vorrangig in die USA. So lebten Klaus Hirschberg und auch Günter Feibel später in Kalifornien, Helga Kohnke in North Carolina. Christel Jeschke ging nach Brasilien und betrieb später in Rio de Janeiro ein eigenes Hotel.

Sicher war der Schritt, Deutschland zu verlassen und einen weiteren Neuanfang zu wagen, leichter für die junge Generation der Gemeinschaft im Kurhaus als für die Menschen, die so lange auf einen Wiedereinstieg in den Beruf gewartet hatten oder bereits älter waren. In der Familie Wendt wurde zwar angesichts der schwierigen Situation am neuen Wohnort intensiv darüber nachgedacht, den Geschwistern von Willi Wendt nach Chicago zu folgen, aber die Entscheidung fiel negativ aus.

Seine Schwester Grete war bereits aus Danzig mit ihrem Mann und der Tochter in die USA geflüchtet und hatte später für Kurt Wendt und seine Frau Antonie die notwendigen Bürgschaften geleistet. Nach den Erinnerungen von Uschi Wendt war ausschlaggebend, dass ihre Eltern kein Englisch konnten, und so blieb die dreiköpfige Familie in Duisburg-Rheinhausen und meisterte dort trotz aller Schwierigkeiten ihr Leben. Charlotte Wendt starb bereits 1964 im Alter von nur 59 Jahren, Willi Wendt 1990 mit 86 Jahren.

Auch Inge Jürgensen und Jan-Udo Wenzel verließen nach Abschluss der Schule die Insel. Inge Jürgensen lebte viele Jahre in den USA und später in Frankfurt am Main, bevor sie nach Wittdün zurück kam. Jan-Udo Wenzel lebte bis zu seinem Tod in Kanada, in Prince George in British Columbia war sein Zuhause. Zu einigen Besuchen kehrte er nach Amrum zurück, der letzte Besuch 1989 war für ihn der Anlass, seine detaillierten Erinnerungen aufzuschreiben.

7.3. Was ist geblieben?

Verbindungen unter den Menschen der Notgemeinschaft des Kurhauses blieben dauerhaft bestehen. „Ich habe immer noch ein paar Freunde aus dem Kurhaus, mit denen ich in Verbindung bin: Günter Feibel, San Luis, USA; Hans Semmelroth, Tutlingen, Württemberg; Fredy Herz, Württemberg; Ilse Herz, Pfalz; und meine erste Liebe Helga Kohnke, USA, die wir letztes Jahr auf einer unserer Reisen mit dem Mobile Home in North Carolina besuchten", so Klaus Hirschberg in seiner letzten Mail kurz vor einer schweren Operation, die zu seinem Tod führte.

Klaus Hirschberg mit seiner Frau Eva bei ihrem Besuch auf Amrum im Jahr 2000

Privatsammlung Inge Sarsfield

Wie Klaus Hirschberg besuchten viele der „Kurhäusler" später die Insel Amrum wieder, manche regelmäßig, und nahmen Kontakt auf zu ihren damaligen einheimischen Mitschülerinnen und Spielgefährten, mit denen sie positive Erinnerungen verbanden.

Inge Sarsfield und Uschi Wendt 2008 am Anleger in Wittdün

So besteht der Kontakt zwischen Inge Sarsfield und Uschi Wendt bis heute, und diese ist auch noch immer befreundet mit der in Hamburg lebenden Wittdünerin, die sich in der Schule neben sie gesetzt und nicht wie die anderen gemieden hatte.

Auch Alfred Herz kam regelmäßig wieder auf die Insel und blieb bis heute in gutem Kontakt mit seinem Freund Peter Jürgensen und dessen Schwester Inge Sarsfield. Enttäuschend dagegen seien Versuche verlaufen, auf der Insel weitere Kontakte zu anderen Vertrauten aus Kindertagen aufzunehmen.

Vom Kurhaus selbst ist auf der Insel nur ein großes Foto an einem Neubau auf der Südspitze Wittdüns geblieben.

Ansicht von Anlegesteg und Kurhaus als Fotowand an der „Keksdose" in Wittdün, 2010

Wohl nur einige wenige der damals im Kurhaus lebenden Frauen sollen auf Amrum geblieben sein, so Frieda Figge, verw. Freund, geb. Gise, Hertha Lebbe und Hilda Herz. Doch darüber ließ sich nichts weiter in Erfahrung bringen.

8. Ein besonders verschwiegenes Kapitel

8.1. Spurensuche mit Hindernissen

Die Geschichte der Familien aus Danzig, die auf Amrum im Kurhaus lebten, war und ist mit viel Schweigen verbunden. In der Literatur über die Schicksale der Juden aus Danzig tauchen sie kaum auf, werden nur kurz als „die Mischlinge" erwähnt. In einer ersten Untersuchung der Situation der jüdischen Bevölkerung Schleswig-Holsteins, der Dissertation „Lübeck ist nur eine kurze Station auf dem jüdischen Wanderweg", Jüdisches Leben in Schleswig-Holstein 1945-1950" von Sigrun Jochims-Bozic, finden sich wenige knappe Hinweise in Text und Fußnoten.

Mit diesen wenigen Anhaltspunkten begann 2005 meine Spurensuche vor Ort in der öffentlichen Bibliothek in der Öömrang Skuul in Süddorf. Die dort Dienst versehende ältere Dame machte mir wenig Hoffnung, dass in der Amrumliteratur etwas zu finden sei und gab mir eines der Bücher des Inselchronisten Georg Quedens zur Orientierung mit. Außerdem notierte sie auf einem Zettel die Telefonnummer ihres Mannes, der sich mit diesen Fragen ebenfalls befasse. Tatsächlich fand sich nur ein kurzer Hinweis von Georg Quedens in seinem Buch „Das Seebad Amrum" , mit dem er auf die Geschehnisse während des 1. und 2. Weltkriegs in Wittdün eingeht: „Dann kamen am 27. Februar 1945 die ersten Flüchtlinge, von denen 140 auf die Häuser von Wittdün verteilt wurden. Es folgten weitere Wellen von Flüchtlingen, Heimatvertriebenen und Heimatlosen, darunter Juden, welche die Konzentrationslager überlebt hatten."[152] Mehr sagte diese Chronik Amrums aus dem Jahr 1990 nicht.

Das Gespräch mit dem früheren Pastor Martin Segschneider aber führte mich zu der Frau, die viel erzählen konnte: Inge Sarsfield, geborene Jürgensen. Sie war in Wittdün aufgewachsen und hatte als Kind nicht nur mit den Jugendlichen und Kindern aus dem Kurhaus die Schule besucht und mit ihnen gespielt, sondern auch über alle langen Jahre den Kontakt zu einigen von ihnen gehalten. Sie konnte mir eine Vielzahl von Namen nennen und mehrere Adressen geben, in den USA und in Deutschland. Vor allem aber wurde die Thematik durch ihre Erzählungen und Fotos anschaulich und lebendig.

[152] Quedens, Das Seebad…, a,a.O., S.61/62

Aufnahme Heilemarie Kugler-Weiemann

Spurensuche nach dem früheren Kurhaus mit Inge Sarsfield und Martin Harnisch, Aufnahme 2013

So nahm ich als erstes Kontakt zu einer der Frauen auf, die als Kind mit ihren Eltern im Kurhaus untergebracht gewesen war, verabredete einen Besuch bei ihr in Dortmund und hatte meinen Koffer schon gepackt, als sie absagte: Sie könne doch noch nicht an diese Thematik rühren, sei noch nicht bereit, über die schmerzlichen Erinnerungen zu sprechen. Meine Enttäuschung war groß und führte zu einer ersten Unterbrechung der Recherche.

Erst bei einem nächsten Aufenthalt auf Amrum ging es weiter, und ein reger Austausch per E-Mail begann mit Klaus Hirschberg in den USA, der mir seinen Weg nach Amrum schilderte und geduldig meine vielen Fragen beantwortete. Gespräche auf Amrum mit weiteren Zeitzeugen ergänzten seine Berichte. Doch dann führte seine Krebserkrankung zum Abbruch des Schriftwechsels und zu erneuter längerer Unterbrechung meiner Arbeit an diesem Thema.

Privatsammlung Inge Sarsfield

Titel der Werbebroschüre
„Nordseebad Wittdün
auf Amrum 1914"

Neuen Auftrieb gaben schließlich Recherchen im Kreisarchiv des heutigen Kreises Nordfriesland in Husum und telefonische Kontakte zu Ingeborg Meyer und Hildegard Hohlfeldt. Diese Ergebnisse stellte ich zusammen und begann zu schreiben. Die dann auftauchenden Fragen veranlassten mich Ende 2014, also zehn Jahre nach Beginn meiner Spurensuche, selbst Kontakt zur Wiener Library aufzunehmen, dem Archiv in London, in dem sich die Unterlagen der Jewish Relief Units befinden. Hier gab es weitaus mehr Material über die „Jüdische Gemeinschaft im Kurhaus Wittdün", als die Darstellungen von Sigrun Jochims-Bozic überhaupt hatten vermuten lassen. Überdies erleichterte die Online-Datenbank „Post-War Europe: Refugees, Exile and Resettlement 1945-1950" der Wiener Library eine genaue Recherche in den Beständen des Rose Henriques Archives. Hier fand ich zum Beispiel die vielen Schreiben Willi Wendts aus der Zeit auf Amrum, über die seine Tochter nicht zu sprechen vermocht hatte. Ich nahm erneut Kontakt zu ihr auf und erfuhr in einem langen Gespräch, dass in der Familie nach dem Verlassen Amrums nicht mehr über die Kriegs- und Nachkriegserfahrungen gesprochen worden sei und dass ihr Vater Wert darauf gelegt hatte, mit dem Judentum nicht länger in Verbindung gebracht zu werden.

Überraschend ergaben sich 2015 persönliche Kontakte zu Alfred Herz, der als Zehnjähriger mit dem Vater und seinen Geschwistern ins Kurhaus gekommen war. Er ist dabei, die Ereignisse seines Lebens aufzuschreiben, weiß, dass seine Enkelin großes Interesse zeigt, und hofft, auch seine Kinder interessieren zu können. Aber er berichtete auch vom großen Schweigen in seiner Familie.

Aufnahme Heidemarie Kugler-Weiemann

Alfred Herz mit seiner Frau Nancy und Martin Harnisch in Lübeck August 2015

[153] „Die Decke des Schweigens", so lautet der Titel eines Buches von Jobst Bittner. Seine religiös geprägten Darstellungen und Deutungen sollen hier nicht einbezogen werden, nur Titel und das Titelbild. Die Metapher des Titels und das Titelbild mit Menschen aus drei Generationen, die sich mit ihren Händen vorm Mund selbst und gegenseitig zum Schweigen bringen, sind klare Sinnbilder der Traumatisierungen und ihrer Übertragungen auf die nächsten Generationen.

[154] Traumaambulanz der Universität Münster www.psy.uni-muenster.de

[155] Vergleiche Kapitel 4.2.

8.2. „Die Decke des Schweigens"[153]
Schweigen und seelische Verletzungen, noch immer aktuell

„Traumatisierte Menschen wagen häufig nicht, über ihre Erlebnisse zu sprechen. Dahinter steckt oft die Sorge, nicht ernst genommen zu werden, nicht glaubwürdig zu erscheinen oder für verrückt erklärt zu werden. Aus dem Wunsch heraus, möglichst normal zu funktionieren, werden die mit den traumatischen Ereignissen verbundenen Sorgen und Nöte oft jahrelang verschwiegen. Viele Patienten befürchten außerdem, dass eine Auseinandersetzung mit dem Trauma ihren Zustand verschlimmern könnte. Diese Befürchtung ist glücklicherweise unbegründet. Es konnte im Gegenteil gezeigt werden, dass die aktive Auseinandersetzung mit der Trauma-Erinnerung den Teufelskreis der Vermeidung durchbricht und zu einer deutlichen Verbesserung führen kann."[154]

In welchem Maße die Erwachsenen und Kinder im Kurhaus durch ihre Erfahrungen von Verfolgung während der Nazizeit und danach traumatisiert waren und es geblieben sind, darüber sollen hier keine Vermutungen angestellt werden, nur einige Aspekte angesprochen werden. Ursula Wendt (Jg. 1938) und Alfred Hohlfeldt (Jg. 1940) waren die jüngsten Kinder im Kurhaus, die Verfolgung und die dramatischen Geschehnisse in Danzig am Kriegsende ebenso miterlebt hatten wie die Transporte und Lager bis nach Amrum. Uschi Wendt weiß von etlichen Situationen zu berichten, in denen ihre Mutter sie als kleines Kind und sich selbst als junge Frau durch mutiges Handeln vor gewalttätigen Übergriffen schützen konnte, und auch Alfred Hohlfeldt dürfte unter besonderem Schutz seiner Mutter gestanden haben. Gleichwohl könnten starke seelische Verletzungen die Ursache dafür sein, dass er sich nicht erinnern kann. Uschi Wendt berichtet von ihren Ängsten als Flüchtlingskind gegenüber den Einheimischen.[155] Völlig erstarrt sei sie bei einem Besuch im Zuhause ihrer Amrumer Schulfreundin, als sie für einen kurzen Moment allein im Zimmer zurück blieb. Voller Angst, nun als Flüchtling des Diebstahls bezichtigt zu werden, habe sie still in der Mitte des Raumes gestanden ohne sich zu bewegen. Diese Hilflosigkeit und das Gefühl, ausgeliefert zu sein, zeigen, wie stark das kleine Mädchen traumatisiert war. Beide Kinder fanden ihren Rückzugort in der Natur Amrums, verbrachten lange Stunden am Strand, gern ganz allein.

Immer wieder kam mir in den Gesprächen mit den früheren Kindern des Kurhauses und beim Nachdenken über ihre Schilderungen ein Buchtitel in den Sinn: „Die Decke des Schweigens". Diese Metapher einer unsichtbar machenden und gleichzeitig erstickenden Hülle über den schrecklichen Geschehnissen von einst trifft sehr wohl auf einige der Schilderungen zu. Illustriert wird die Überschrift auf der Titelseite des Buches mit einem Foto von drei Männern verschiedener Generationen. Der hinten stehende ältere Mann mit weißen Haaren hält sich selbst mit einer Hand den Mund zu und mit der anderen dem erwachsenen Mann der mittleren Generation.

Dieser wiederum verschließt einem Jugendlichen den Mund. Eindrucksvoll wird so die Weitergabe von Schweigen und Traumata an die folgenden Generationen angedeutet.

So wie das Ehepaar Wendt nicht mehr über die Vergangenheit sprach, vermochte auch ihre Tochter zunächst nicht und schließlich nur mit starken Vorbehalten, die Geschehnisse zu thematisieren. Überhaupt nicht ansprechbar auf die damaligen Ereignisse, auch nicht innerhalb der eigenen Familie, ist bis heute eines der auf Amrum geborenen Kinder aus der Familie Herz. Was den heute in Schleswig-Holstein lebenden Mann dazu bewegt, auch dazu hat er bisher geschwiegen und bei offenbar zu drängenden Fragen sogar den Kontakt zu nahen Verwandten abgebrochen.

Ein anderes Beispiel: Als ich eine meiner Zeitzeuginnen telefonisch wiederholt nicht erreichen konnte, versuchte ich einen ihrer Brüder nach ihrem Befinden zu fragen, doch sowohl seine Frau wie er selbst gaben vor, Schwester bzw. Schwägerin nicht zu kennen.

Privatsammlung Inge Sarsfield

Ingeborg Meyer in den 1950er Jahren

Nach vorn schauen, die schlimmen Zeiten vergessen und verdrängen, das galt auch bei anderen. Vor allem die Erfahrung der Ausgrenzung führte dazu, sich betont anzupassen, um nicht aufzufallen. Ingeborg Meurer, geborene Meyer und ihre Schwester Brigitte bewahrten Stillschweigen über die jüdische Herkunft ihres verschwundenen Vaters Siegfried Meyer gegenüber Brigittes Tochter und anderen Angehörigen. Erst lange nach dem Tod ihrer Schwester begann Ingeborg Meurer mit ihrer längst erwachsenen Nichte zu sprechen und deren Fragen zu beantworten.

[156] Sonja Grabowsky: „Meine Identität ist die Zerrissenheit", „Halbjüdinnen" und „Halbjuden" im Nationalsozialismus, Gießen 2012

„Meine Identität ist die Zerrissenheit",[156] auch dieser Buchtitel trifft auf die Menschen im Kurhaus zu. Bestand in den Jahren des NS-Regimes der ungeheure Druck, sich von der jüdischen Seite los sagen zu sollen, so konnte in den ersten Nachkriegsjahren nur das Betonen des Judentums lebensnotwendige Hilfen sichern. Beim Neuanfang sollte das alte Stigma nun einfach keine Rolle mehr spielen, und wo es nicht gänzlich verschwinden konnte, musste es beschwiegen werden. Zu diesem Schweigen gehörte allerdings auch die andere Seite, dass niemand fragte und bei den wenigsten Mitmenschen überhaupt eine Bereitschaft vorhanden war, etwas hören zu wollen.

Die Historikerin Beate Meyer spricht einen weiteren Aspekt des Schweigens an: „Nach dem Kriegsende legte die deutsche Mehrheitsbevölkerung den ehemals als ,Mischlingen' Verfolgten keine Hindernisse in den Weg der Reintegration – vorausgesetzt, diese bewahrten Stillschweigen über ihr Verfolgungsschicksal und erhoben keine Vorwürfe gegen die ehemals begeisterten Mitläufer oder Täter. Brachen die ,Mischlinge' das Schweigen, rührten sie an die Schuld...", schließlich hatte diese Verfolgung „vor aller Augen inmitten der Mehrheitsgesellschaft stattgefunden."[157] Nach den ersten von großer Not geprägten Nachkriegsjahren stimmte in den dann folgenden Jahren des wirtschaftlichen Aufbaus das Wünschen und Wollen von vormals Ausgegrenzten und Mehrheitsbevölkerung überein „in ihrem Bedürfnis nach geordneten Verhältnissen, Wohlstand und einem Staat, der in erster Linie Privatheit garantierte".[158] „Den ehemaligen Verfolgten lag viel daran, wieder vom Rand in die Mitte der Gesellschaft zurückkehren zu können. Darauf arbeiteten sie hart und zielstrebig hin. Sie pflegten die im demokratischen Staat nun wieder existierende Privatsphäre."[159]

[157] Beate Meyer, „Jüdische Mischlinge", a.a.O., Seite 382
Diese Beschreibung gilt mit dem Unterschied, dass sich die Menschen aus Danzig später nicht mehr am Ort des Geschehens während des NS-Regimes befanden.

[158] Ebenda

[159] Ebenda

Erstmals 2012 gab es auf Amrum eine Veröffentlichung über die Nazizeit auf der Insel, in der Georg Quedens seine vorherige Darstellung von 1990 über die Menschen im Kurhaus folgendermaßen erweiterte: „Und als Kuriosum der Geschichte erlebten die Amrumer nach Kriegsende doch noch die Juden auf ihrer Insel. Das große Kurhaus in Wittdün wurde von über 140 Juden belegt, getaufte, also christliche Juden, die 1946 aus Zoppot über Flensburg nach Amrum kamen, vermutlich Überlebende aus einem KZ, aber auch vor den Russen geflüchtet. Etliche dieser Juden sind dann noch als Schüler in Wittdün zur Schule gegangen, ehe sie um 1950 – wie die anderen Flüchtlinge – umgesiedelt wurden oder irgendwo eine neue Heimat fanden. Bis dahin lebten sie vor allem von Care-Paketen aus den USA.[160] Seine wenigen Worte machen deutlich, wie aktuell notwendig es ist, dieses traurige „Kapitel für sich" endlich sichtbar werden zu lassen.

[160] Quedens, Die Nazizeit..., a.a.O., Seite 157

Beim Abschluss der Spurensuche und der Arbeit am Manuskript im Sommer 2015 begleiteten mich die täglichen Nachrichten über die zahllosen Flüchtlinge, die verzweifelt und unter Einsatz ihres Lebens Schutz in Deutschland und anderen demokratischen Staaten

Europas vor Krieg, Verfolgung und Hungersnot in ihren unterschiedlichen Heimatländern suchen. Sowohl die auffallenden Parallelen wie die Unterschiede zwischen damaligen und heutigen Ereignissen machen die Aktualität der „alten Geschichten" deutlich. Auch in den Dörfern und Städten Schleswig-Holsteins wurden nun wieder große Flüchtlingslager eingerichtet, in denen traumatisierte Menschen ein „Leben im Provisorium und in Wartestellung" begannen, geprägt von „Warten und Hoffen", ähnlich wie damals das der Menschen im Kurhaus.[161] Ob es für die heutigen Flüchtlinge mehr Empathie der einheimischen Bevölkerung geben wird, ob ihre „eingefrorenen Seelen" berührt werden können, ob wirklich gefragt wird nach dem, was sie erlebt haben, das steht noch dahin. Hoffnung machte ein Bericht von Amrum, wo die in Süddorf untergebrachten Flüchtlingsfamilien freundliche Aufnahme und intensive Unterstützung von ihren Nachbarn erfahren haben.[162]

[161] Interview mit Jochen Oltner, Professor für Neueste Geschichte am Zentrum für Migrationsforschung und interkutruelle Studien in Osnabrück, in der taz Hamburg am 7.8.2015

[162] Frauke Ladleif: Aus dem Sturm auf die Insel, taz Hamburg 27.8.2015

Aufnahme Heidemarie Kugler-Weiemann

Quellenangaben und Literaturverzeichnis:

Archivbestände:
Wiener Library, London: Rose Henriques Archive über Datenbank
„Post-War Europe: Refugees, Exile and Resettlement 1945-1950"

Kreisarchiv Nordfriesland, Husum: Bestand Gemeinde Wittdün D 21

Bundesarchiv: Gedenkbuch online

Adressbuch Danzig 1942
Museum Haus Hansestadt Danzig, Lübeck

Unveröffentlichtes:
Chronik der Schule Wittdün, Kopie im Privatarchiv Georg Quedens,
Norddorf / Amrum

Jan-Udo Wenzel: Amrumer Erinnerungen, 1992, unveröffentlicht,
Privatsammlung Inge Sarsfield, Wittdün / Amrum

Nordseebad Wittdün auf Amrum, hrsg. v.d. Badekommission,
Saison 1914, Privatsammlung Inge Sarsfield, Wittdün / Amrum

Werbeprospekt Wittdün / Amrum 1930/1931
Privatsammlung Inge Sarsfield, Wittdün / Amrum

Briefwechsel der Verfasserin mit Klaus Hirschberg, San Diego,
Californien, 2006

Erinnerungen von Alfred Herz, 2015

Zeitungsartikel:
Amrum – eine Insel der Armut, Schleswig-Holsteinische
Volks-Zeitung, 22.3.1949

„Ein Leben im Provisorium", Interview mit Jochen Oltner, taz
Hamburg, 7.8.2015

„Aus dem Sturm auf die Insel", Reportage von Frauke Ladleif,
taz Hamburg, 27.8.2015

Zeitzeugengespräche:

Inge Sarsfield, geb. Jürgensen, Wittdün, 2005 bis 2018

Helga Zimmermann, geb. Goetze, Amrum, 2006

Karl-Heinz Schernewski, Wittdün, 2006

Ingeborg Meurer, geb. Meyer, Bonn, 2009 / 2010

Hildegard Hohlfeldt, Schopfheim, 2010 / 2011

Uschi Wendt, Duisburg, 2005 und 2015

Alfred Hohlfeldt, Schopfheim, 2015

Alfred Herz, Umkirch, 2015 / 2016

Theodor Kölzow, Amrum, 2017

Auskünfte:

Bernd Philipsen, Flensburg

Erich Koch, Schleswig

Frank Omland, Hamburg: Wahlergebnisse des Kreises Südtondern

Georg Quedens, Norddorf auf Amrum, 2014

Martin Segschneider, Nebel auf Amrum, 2006

Literatur:

Bajohr, Frank: „Unser Hotel ist judenfrei", Bäder-Antisemitismus im 19. und 20. Jahrhundert, Frankfurt am Main 2003

Bittner, Jobst: Die Decke des Schweigens, Tübingen 2013 (3. Auflage)

Brumlik, Micha: Judentum. Was stimmt? Die wichtigsten Antworten, Freiburg 2007

Böddeker, Günter: Die Flüchtlinge. Die Vertreibung der Deutschen im Osten, Vorgänge und Zustände in Danzig 1945, München und Berlin 1980

Danker, Uwe: „Raus aus dem Elend!" Selbstverortung und Programmatik schleswig-holsteinischer Nachkriegspolitik in sozialdemokratischer Regie, in: Demokratische Geschichte 19 / 2004

Danker, Uwe / Schwabe, Astrid: Schleswig-Holstein und der Nationalsozialismus, Neumünster 2005
Danzig / Gdansk, Ein illustriertes Reisehandbuch, Bremen 1995

Dettmer, Frauke: Eine privilegierte Mischehe in Rendsburg, in: Informationen zur Schleswig-Holsteinischen Zeitgeschichte (Kiel), Heft 31 (Juni 1997) S. 29-43

Dölger, Karsten: „Polenlager Jägerslust". Polnische „Displaced Persons" in Schleswig-Holstein 1945–1949. Neumünster 2000

Dohnke, Kay: Nationalsozialismus in Norddeutschland, Ein Atlas, Hamburg / Wien 2001

Echt, Samuel: Die Geschichte der Juden in Danzig, Leer 1972

Ewers, Niko: Jüdisches Exil in Griechenland und Zypern 1936-1941, www.shoa.de

Gafert, Bärbel: Vier Phasen von Flucht und Vertreibung (1944 / 45-1947 / 48), www.fes.de / magdeburg / pdf

Giehre, Jacqueline / Salamander / Rachel (Hrsg.): Ein Leben aufs neu, Das Robinson-Album, DP-Lager: Juden auf deutschem Boden 1945-1948, Frankfurt / Wien 1995

Gilbert, Martin: Endlösung, Die Vertreibung und Vernichtung der Juden, Ein Atlas, Hamburg 1982

Gilbert, Martin: Nie wieder! Die Geschichte des Holocaust, Berlin 2001

Gillis-Carlebach, Miriam, Hrsg.: Memorbuch zum Gedenken an die jüdischen, in der Schoa umgekommenen Schleswig-Holsteiner und Schleswig-Holsteinerinnen, Hamburg 1996

Goldberg, Bettina, unter Mitarbeit von Bernd Philipsen: Juden in Flensburg, Flensburg 2006

Goldberg, Bettina / Paul, Gerhard: Matrosenanzug – Davidstern. Bilder jüdischen Lebens aus der Provinz, Neumünster 2002

Goldberg, Bettina: Abseits der Metropolen,
Die jüdische Minderheit in Schleswig-Holstein, Neumünster 2011

Grabowsky, Sonja: „Meine Identität ist die Zerrissenheit",
„Halbjüdinnen" und „Halbjuden" im Nationalsozialismus,
Gießen 2012

Gradwohl, Roland: Frag den Rabbi, Streiflichter zum Judentum,
Stuttgart 1995

Harding, Hannes: Displaced Persons (DPs) in Schleswig-Holstein
1945–1953, Frankfurt a. M. 1997

Harms, Florian: Wellness unterm Hakenkreuz, Spiegel online o. J.

Heidrich, Hermann / Hillenstedt, Ilka, Hrsg: Fremdes Zuhause,
Flüchtlinge und Vertriebene in Schleswig-Holstein nach 1945,
Neumünster 2009

Holzgerlinger Bote 1/2012: Nachkriegsjahre – Hungerjahre –
Neue Heimat

Jochims-Bozic, Sigrun: „Lübeck ist nur eine kurze Station auf dem
jüdischen Wanderweg", Jüdisches Leben in Schleswig-Holstein
1945-1950, Berlin 2004

Kling, Wolfgang und Grazyna: Zoppot – Sopot, Das alte Weltbad,
Berlin 1998

Königseder, Angelika / Wetzel, Juliane: Lebensmut im Wartesaal,
Die jüdischen DP's (Displaced Persons) im Nachkriegsdeutschland,
Frankfurt a. M. 1994

Lebendiges Museum online, Der Zweite Weltkrieg (LeMo)

Lichtenstein, Erwin: Bericht an meine Familie, Ein Leben zwischen
Danzig und Israel, Darmstadt 1985

Lippe, Helmut von der: Ich will leben,
1945: Der Kampf ums Dasein, Lübeck 1995

Lustiger, Arno: Der Anteil der Juden am Sieg der Alliierten im
Zweiten Weltkrieg: Jüdische Soldaten im Kampf gegen den
Faschismus,
http://ldn-knigi.lib.ru/Judaica/A.

Meyer, Beate: „Jüdische Mischlinge". Rassenpolitik und
Verfolgungserfahrung, 1933-1945, Hamburg 1999

Meyer-Rebentisch, Karen: Angekommen, 60 Jahre Flüchtlinge und
Vertriebene in Lübeck, Ausstellungsdokumentation, Lübeck 2005

Ministerin für Wissenschaft, Forschung und Kultur des Landes
Schleswig-Holstein (Hrsg.): Ende und Anfang 1945,
Das Journal zur Ausstellung, Kiel 1995

Naor, Mordechai: Haapala, Clandestine Immigration 1931-1948,
Israel 1987

Paul, Gerhard / Gillis-Carlebach, Miriam, Hrsg.: Menora und
Hakenkreuz, Zur Geschichte der Juden in und aus Schleswig-
Holstein, Lübeck und Altona, Neumünster 1998

Philo-Atlas, Handbuch für die jüdische Auswanderung,
Reprint von 1938, Bodenheim o.J.

Quedens, Georg: Das Seebad Amrum, Amrum 1990

Quedens, Georg: Schulen und Lehrer auf Amrum, Amrum 1993

Quedens, Georg: Die Nazizeit auf Amrum,
in: Amrum 2012, Jahres-Chronik einer Insel, Amrum 2013, S. 121-160

Quedens, Georg: Amrumer Friedhöfe in neuer Gestalt,
in: Amrum 2012, Jahres-Chronik einer Insel, Amrum 2013, S. 77-82

Rademacher, Michael: Deutsche Verwaltungsgeschichte,
www.verwaltungsgeschichte.de

Salinger, Gerhard: Freie Stadt Danzig, www.sztetl.org

Sauer, Gundula: Flucht aus Balga / Ostpreußen 1945, o.J.
www.ostpreußen.de

Scharffenberg, Heiko: Die Wiedergutmachung nationalsozialistischen Unrechts in Schleswig-Holstein, dargestellt an Flensburger
Fallbeispielen, Flensburg 2000

Schenk, Dieter: Danzig 1930-1945: Das Ende einer Freien Stadt, 2013

Schier, Siegfried: Die Aufnahme und Eingliederung von Flüchtlingen
in der Hansestadt Lübeck, Eine sozialgeschichtliche Untersuchung
für die Zeit nach dem Zweiten Weltkrieg bis zum Ende der 1950er
Jahre, Lübeck 1982

Schneider, Richard Chaim: Wir sind da! Die Geschichte der Juden in Deutschland von 1945 bis heute, Berlin 2000

Schoeps, Julius H.: Leben im Land der Täter, Juden im Nachkriegsdeutschland (1945-1952), Berlin 2001

Schreiber, Albrecht: 46/47 – Hamburg im Katastrophenwinter, Stadtgeschichte aus Presseberichten, Lübeck 2007, 2. erweiterte Auflage

Schreiber, Albrecht: Hamburg 1947, Hunger, Not und Elend in der Hansestadt, Lübeck 2007

Schreiber, Albrecht: Lübecker 1948 – Neues Geld und alte Bürde, Schleswig-Holstein im Jahr der Währungsreform, Lübeck 2008

Statistisches Amt für Hamburg und Schleswig-Holstein: Das Flüchtlingsgeschehen in Schleswig-Holstein infolge des 2. Weltkriegs im Spiegel der amtlichen Statistik,
www.destatis.de

Traumaambulanz der Universität Münster:
www.psy.uni-muenster.de

Unzer Sztyme, Jiddische Quellen zur Geschichte der jüdischen Gemeinden in der Britischen Zone 1945-1947, übersetzt und bearbeitet von Hildegard Harck, Kiel 2004

Verein zur Erforschung der Geschichte der Juden in Blankenese (Hrsg.): Kirschen auf der Elbe, Erinnerungen an das jüdische Kinderheim Blankenese 1946-1948, Hamburg 2006

Websites:
www.danzig-online.de
www.ostsee-urlaub-polen.de/Gdansk
www.yadvashem.org
www.geschichte-s-h.de
www.tuttlingen.de

Wikipedia: Freie Stadt Danzig / Mischehen / Organisation Todt

Wiedmann, Susanne: Amrum, Hamburg 2012

ISBN 978-3-00-059558-5

Verfasserin und Herausgeberin: Heidemarie Kugler-Weiemann, Stavenstraße 4, 23552 Lübeck
Buchgestaltung: Annett Schroeder, www.connexiondesign.de, Hundestraße 43/7, 23552 Lübeck